Couvertûres supérieure et inférieure
manquantes

THÈSE

POUR

LE DOCTORAT

ÉTUDE JURIDIQUE ET ÉCONOMIQUE

SUR LES

MAGASINS GÉNÉRAUX

LES RÉCÉPISSÉS ET LES WARRANTS

THÈSE POUR LE DOCTORAT

Présentée et soutenue le mercredi 26 janvier 1898, à 8 h. 1/2

PAR

BRUNO M.-J. DUBRON

Avocat.

Président : M. THALLER, *professeur.*
Suffragants { MM. JAY, *professeur.*
DESCHAMPS, *agrégé.*

PARIS

LIBRAIRIE DE LA SOCIÉTÉ DU RECUEIL GÉNÉRAL DES LOIS ET DES ARRÊTS
ET DU JOURNAL DU PALAIS
Ancienne Maison L. LAROSE et FORCEL
22, rue Soufflot, 22
L. LAROSE, Directeur de la Librairie
1898

INTRODUCTION

Le magasinage a toujours été l'auxiliaire indispensable
de la production. Comme elle, réduit d'abord à la plus
grande simplicité, il a suivi ses progrès. On sait la révolution qui bouleversa l'industrie au commencement de
notre siècle. L'usine, profitant des récentes découvertes,
réformait ses procédés et visait à produire beaucoup en
gagnant peu sur chaque unité ; les moyens de transport,
dotés de la vapeur, accéléraient leur action tout en la
rendant moins coûteuse. La grande production s'organi-
sait. Rapidement les stocks s'accrurent.

Le grand commerce, conséquence fatale de la grande
industrie, en cherchait le placement suivant une méthode
nouvelle. Les affaires changeaient de caractère, les grands
marchés tuaient les petits, les opérations se multipliaient
et se nuançaient de modalités jusqu'alors inconnues. Pressé
par une avance écrasante, qu'un emploi immodéré de la
machinerie nouvelle avait imprudemment constituée, le
négoce, au lieu de se borner comme jadis à satisfaire les
besoins formulés par la consommation, devait les prévenir, et la tâche était d'autant plus difficile que la révolution économique se doublait d'une transformation sociale
et que les besoins eux-mêmes étaient modifiés. Les marchandises non placées représentaient des capitaux immenses que les manufacturiers cherchaient à ressaisir

par le crédit pour ne pas interrompre leur production. Le commerce dans cette situation nouvelle devait avoir recours à des institutions nouvelles ; le magasin général en est une.

Certes, il y a loin du local simple que représentait jadis tout magasin, et dans lequel on se bornait à déposer la marchandise pour un temps plus ou moins long, à ce vaste établissement d'une organisation si complexe, tout à la fois atelier, bourse et banque, que représente le magasin général moderne. L'idée persiste cependant, et le magasin général peut être défini : le magasin de tout le monde.

C'est à lui que s'adresse le négociant, dont les magasins personnels sont déjà encombrés, pour faire garder le surplus de ses stocks. C'est à lui que l'importateur confie sa cargaison en attendant qu'il en ait trouvé le placement ; pour un prix relativement minime, le magasin général fera décharger le navire, recevra, soignera la marchandise, l'assurera contre l'incendie et au besoin exécutera des manutentions qui en amélioreront l'aspect et en augmenteront la valeur (1). Toutes ces opérations rapidement conduites seront moins coûteuses pour le déposant que s'il avait dû y faire procéder par un personnel moins expérimenté, dans un magasin loué par lui à l'année.

Ces services sont assurément fort appréciables, mais ne justifieraient pas à eux seuls la création des magasins généraux ; ceux-ci ont d'autres buts plus importants.

1. C'est encore au magasin général, faisant l'office de fourrière qu'on portera les marchandises abandonnées et bien souvent celles dont la propriété est sujette à discussion, etc., etc.

D'abord, ils facilitent la vente des marchandises qu'ils entreposent. Une même marchandise est souvent l'objet de ventes successives entre sa sortie de l'usine et son passage définitif dans la consommation. Si chacune de ces opérations devait être accompagnée d'un déplacement effectif de la chose vendue, avec transport du domicile du vendeur à celui de l'acheteur, les frais qui en résulteraient majoreraient son prix de revient, la rendraient d'un placement difficile; le magasin général évitera cet inconvénient. Tout déposant peut en effet retirer à l'établissement consignataire un titre à ordre appelé *récépissé* ou *warrant*, et représentant la chose déposée. Il lui suffira de l'endosser pour faire passer au bénéficiaire ses droits sur la marchandise, que le magasin tiendra désormais à la disposition du nouvel acquéreur, et la délivrance sera réalisée sans frais. Si, par la suite, il plaît au nouveau propriétaire d'employer, pour revendre, le même procédé, et que ses ayants droit l'imitent, le titre pourra être l'objet d'une large circulation, avant que la marchandise *mobilisée* par sa création (1) soit retirée du magasin.

Au surplus les entrepositaires ont intérêt à faciliter par tous moyens les transactions sur marchandises, car leurs affaires prennent d'autant plus d'extension que le marché voisin est plus actif. Beaucoup annexent à leur établis-

---

1. Cette expression : *mobiliser la marchandise* est souvent employée pour montrer les avantages que le magasin général procure en matière de vente, mais elle n'a qu'une valeur économique. Juridiquement elle est incorrecte ; la marchandise est un meuble, on ne mobilise pas, on n'ameublit pas un meuble.

sement une *salle de ventes publiques* ou un *conditionnement;* ils se soumettent à la surveillance des *Bourses de commerce* pour mériter leur confiance, visent les *filières* créées sur les marchandises qu'ils entreposent, concourent à l'*échantillonnage* des stocks, fournissent à la *spéculation* des données précises et réduisent notablement l'aléa de ses opérations ; les magasins généraux rendent donc au grand commerce sur marchandises des services considérables : ils en sont devenus un rouage nécessaire.

Il y a plus. Les stocks emmagasinés ont une valeur ; le magasin général permet d'en tirer parti sans les vendre, il assure le *crédit sur marchandises.* Le procédé varie suivant les pays ; mais qu'on y arrive par l'endossement en garantie du titre unique délivré par les docks anglais, ou qu'on endosse purement et simplement le warrant français détaché de son récipissé, le résultat économique est le même ; les capitaux dont le remboursement est garanti par la marchandise se concentrent dans les caisses de l'endosseur, le manufacturier continue sa fabrication tout en évitant les conséquences d'une baisse momentanée, et sa marchandise ne cesse pas de « *travailler comme capital* » (1).

Aux services rendus par le magasin général s'ajoutent souvent ceux de l'*entrepôt.* On désigne sous ce nom un établissement où les importateurs peuvent déposer des marchandises grevées de droits de douane, de régie ou

1. L'expression est de M. Maurice Block. — Voir son étude sur : *Les Magasins généraux considérés comme une des bases du crédit.* Séances et travaux de l'Académie des Sciences morales et politiques, 1860, Tome 52, p. 364.

d'octroi, pour les soustraire à ces droits, si elles ne sont point consommées à l'intérieur, ou pour en retarder le paiement, si leur consommation ne doit pas être immédiate. Les mêmes locaux servent alors au fonctionnement de deux institutions tout à fait différentes, dont la réunion s'explique par l'intérêt du commerce.

En résumé, l'institution des magasins généraux est à la fois simple dans son fonctionnement, complexe par son rôle économique. Destinée à seconder l'action du grand négoce, elle a maintenant conquis sa place dans tous les pays qui manifestent leur vitalité par la pratique des affaires. L'œuvre des législateurs qui l'ont réglementée peut montrer quelques divergences dans le détail, l'organisation des magasins généraux n'en doit pas moins dépendre avant tout de l'ambiance économique et s'adapter aux besoins du commerce.

A l'histoire de nous dire d'abord comment elle s'est développée.

RÉSUMÉ HISTORIQUE

En 1699, la ville de Liverpool, dans le but d'éviter aux navires un atterrage difficile sur une côte vaseuse et battue des vents, fit creuser un bassin d'abri. Ainsi furent créés les premiers docks (1).

1. C'est à dessein que nous n'avons pas poussé nos recherches vers les époques plus reculées ; on eut sans peine découvert les traces de notre institution jusque dans la Grèce antique. Les Athéniens estimaient autant le négociant en gros : εμπορος, qu'ils méprisaient

Le son bizarre de ce mot nous révèle son origine étrangère ; il faut en déterminer immédiatement la valeur. Des étymologistes prétendent qu'il vient du grec (δοκκιον : réceptacle) ou de l'anglo-saxon (*dekken* : couvrir, enceindre) ; d'autres affirment avec autant de vraisemblance qu'il servit d'abord à désigner des bassins situés à Londres dans l'île des chiens (*Isle of dogs*) et que, plus tard, on l'étendit à toutes les constructions similaires. Quoi qu'il en soit de sa provenance, ses sens sont variés. *Stricto sensu*, on l'emploie en français comme en anglais pour désigner des bassins où les navires viennent se placer, afin d'opérer leur chargement, leur déchargement ou d'être réparés. On distingue à ce point de vue les docks secs (*dry docks*), les docks de radoubage (*gravings docks*), et les docks humides (*wet docks* (1). *Lato sensu*, on emploie indifféremment les mots docks, entrepôts ou magasins généraux avec d'autant plus de facilité que, d'une part, la grande majorité des docks (*stricto sensu*) sont bordés d'entrepôts et de magasins généraux, qui complètent leur utilité, et que, d'autre part, beaucoup de magasins généraux et d'entrepôts sont pourvus de bassins pour la réception des navires.

Depuis 1669, la population de Liverpool a quintuplé (450.000 hab.) ; son travail s'est considérablement augmenté ; son port est devenu le deuxième de l'Angleterre.

le négociant en détail καπηλος. Les grands négociants avaient au Pirée un bâtiment spécial, δευγμα, pour emmagasiner les marchandises qu'ils importaient. Voy. Xénophon : *Helléniques*, 5. 1. 21.

1. Le ministère de la marine publie un *Livre des Docks et Bassins* contenant les dimensions des bassins à sec et à flot, cales de halage et autres ouvrages de radoub des ports du monde.

Ses docks ont suivi le même développement ; vingt-six bassins remplacent l'ancien, leur superficie totale est de cinquante hectares et ils offrent à la navigation seize kilomètres de quais. Enfin, l'institution s'étant rapidement propagée, Hull eut son dock en 1774, Londres, Bristol, Gosport, Leith, Dublin, etc., au commencement du siècle.

Les premiers docks londonniens furent créés, en particulier, pour mettre un terme aux nombreux vols de marchandises, qui se commettaient chaque jour sur les bords de la Tamise. Une très grande liberté de circulation, la *publicité* des quais et des locaux affectés au magasinage avaient été pratiquées à Liverpool. A Londres, elles n'étaient plus compatibles avec le but de l'entreprise. Les Compagnies qui se formèrent pour la constitution et l'exploitation des docks reçurent donc certains privilèges, mais durent exercer dans leur enceinte une surveillance rigoureuse et leur responsabilité fut engagée tant vis-à-vis des déposants, à raison de la garde et de la conservation des marchandises, que vis-à-vis du fisc, pour le paiement des droits. (1) *La West India Docks Company*, fondée en 1799, ouvrit en 1801 les premiers docks de Londres. Pendant longtemps ils furent les seuls autorisés par privilège à recevoir les navires faisant le commerce avec les Indes occidentales. L'ingénieur. W. Jessop en avait donné les plans. Leur succès fut immense. Outre la

1. Le *West India Dock* est même chargé de faire la police dans les quartiers qui bordent son enceinte. On sait combien sont dangereuses les rues basses qui descendent de Canon Street et de Londons Tower aux bords de la Tamise ; les malfaiteurs de toutes les catégories y ont laissé la trace de leur passage, depuis le simple pick-pocket jusqu'au fameux Jack the ripper.

surveillance stricte qu'il cherchait, le dock, par son heureuse organisation, permettait au négoce de réaliser une
économie de 18 p. 0/0 sur le chargement, le déchargement des marchandises, leur magasinage et les déchets.
L'aménagement des quatre bassins pour les navires expor-
tateurs et importateurs, des caves, des magasins et des
monte-charges hydrauliques avait coûté 70.000.000 de
francs.

Le London Dock ouvert en 1805 dans le quartier de *Wap-
ping* eut durant de longues années le privilège de recevoir tous les navires chargés d'au moins vingt pipes de
spiritueux (1). Ses caves, d'une superficie de deux hectares et demi, construites par Alexander, sont accessibles
aux voitures et sillonnées de voies ferrées.

A Blackwall l'*East India dock* reçut jadis, à l'exclusion
de tous autres, les navires faisant le commerce avec les
Indes et la Chine. Ses bassins, assez profonds pour que
les navires du plus fort tonnage puissent y mouiller,
sont très délaissés, surtout depuis que des travaux ont
été effectués dans le lit de la Tamise. La machine à mater
de l'*East India dock* est célèbre.

Le *Commercial dock* et le *Rotherhite east country dock* entreposent principalement des matériaux de construction
et les produits importés de la mer du Nord et de la Bal-
tique.

Près de London Bridge, les *Ste Catherine docks*, les derniers construits (1828) manquent un peu d'étendue, et
cela s'explique par le prix très élevé des terrains sur les-

1. La pipe est une grande futaille contenant environ 400 litres.

quels ils furent édifiés. On y a remédié en augmentant les étages des magasins (il y en a sept) et en réglant minutieusement la circulation des marchandises dans l'enceinte. La comptabilité de ce dock a été bien souvent proposée comme exemple pour sa régularité, pour les renseignements utiles qu'elle fournit au commerce et pour la simplification qu'elle apporte dans les opérations de la régie anglaise.

Les docks de Londres, qui ont tant contribué à la prospérité de la capitale et de tout le Royaume Uni, ne sont pourtant pas à l'abri de toute critique. Leur surface est de cent vingt hectares et les sommes dépensées pour leur construction dépassent trois cent cinquante millions de francs. Malgré toute son activité commerciale, l'Angleterre ne saurait utiliser pleinement un aussi puissant outillage. Sans doute, la concurrence s'est établie entre les docks ; les privilèges accordés jadis à ces divers établissements pour la réception des navires suivant leur provenance ont été supprimés, et le commerce a bénéficié de cette mesure ; mais la surface des bassins n'en reste pas moins trop vaste ; la création de capitaux fixes inutiles absorbe une richesse, qui, autrement employée, eût pu entrer en fonction de reproduction, et, quoique les tarifs des docks soient encore très élevés, les actionnaires après avoir touché de 10 à 15 0/0 d'intérêts, ne reçoivent plus aujourd'hui que de 3 à 5 0/0.

En Angleterre, à côté des établissements dénommés docks, d'autres font une partie des opérations réservées en France aux entrepôts et aux magasins généraux. On cite cinq « *legal quays* » sur la Tamise, qui jouissent de la faculté d'entrepôt ; — un grand nombre de *quais de tolérance* (*sufferance wharves*), auxquels l'administration des douanes anglaises accorde des privilèges plus ou moins étendus ; — des caves (*bonded vaults*), qui sont autorisées sous caution à recevoir en entrepôt des liquides pour la consommation ou la réexportation ; — enfin des magasins publics, qui délivrent des warrants. Une telle variété n'est point faite pour déplaire au commerce, qui trouve peut-être dans ces établissements divers des instruments mieux appropriés à ses besoins.

Sauf les privilèges accordés jadis à certains docks et qui, pour la plupart, sont supprimés, la création des docks a toujours été libre en Angleterre. Le déposant y reçoit de l'établissement consignataire un titre unique appelé warrant, grâce auquel il peut, soit impignorer la marchandise, soit la vendre sans la déplacer. Des brokers se chargent de négocier spécialement ce genre d'affaires.

La législation anglaise, sur cette matière comme sur beaucoup d'autres, est éparse en quelques statuts complétés par l'usage et les règlements des différents magasins. Cette particularité, souvent invoquée pour prouver la vitalité du droit anglais et son adaptation parfaite aux mœurs du pays, embarrasse son étude (1).

En Hollande, en Allemagne et principalement dans les villes hanséatiques, les docks ont pris comme en Angle-

1. Voy. notamment : Stat. 203, Georges III, c. 232 ; Act. 3 et 4, Will IV, c. 57 ; Act. 5 et 6, Vict., c. 39 ; Act. 8 et 9. Vict., c. 91 ; Customs consolidation, Act. 16 et 17, Vict. 107 ; Bill of Warrants de 1887.

terre un développement rapide. On s'en étonnera d'autant moins que ces nations ont toujours largement pratiqué l'importation et que nulle branche du commerce n'est plus à même d'en utiliser les divers avantages. A Hambourg, le premier port de commerce allemand, les docks couvrent une vaste étendue ; des conflits éclatent périodiquement entre l'administration de ces établissements et les ouvriers des ports. La dernière grève, qui ne date que de l'hiver dernier (1896-1897), a fort éprouvé la classe ouvrière ; le commerce en a supporté le contre-coup, et dans l'intérêt de tous il faut espérer que ces désordres ne se reproduiront pas. Malheureusement ce n'est guère probable.

Les docks de Hambourg sont soumis au règlement du 2 janvier 1885 ; ceux de Brême à la loi du 13 mai 1877. Quoique l'institution se soit répandue dans les grandes villes allemandes, et que son corps de jurisconsultes l'ait depuis longtemps réclamée, l'empire allemand n'a point encore de loi spéciale aux magasins généraux (1) ; on leur applique seulement les articles 302 à 305, 309 à 315 et 374 du *deutsches handels gesetz buch*, nouveau Code de commerce allemand de 1897, §§ 408 à 416.

Les magasins généraux furent créées en Italie sous l'impulsion du commerce et n'eurent d'abord qu'à se conformer aux prescriptions du droit commun. Une loi du 3 juillet 1871 les dota d'un régime spécial et subordonna leur ouverture à une déclaration qui recevait une large publicité. La plupart des dispositions de cette loi passè-

1. Voy. Chap. VIII, § 1er, *in fine*.

rent dans le Code de commerce de 1882, les autres furent refondues dans une loi de la même époque. Ces deux législations ne diffèrent guère que par leur forme. Pourtant, on s'y préoccupe de faits qui, pour n'avoir pas été prévus par notre législateur n'en donnent pas moins naissance, même chez nous, à des contestations fréquentes. Dans son article 3, la loi de 1871 prohibait la location ou l'affectation des locaux d'un magasin général à un magasin privé ; la loi du 17 décembre 1882 supprime cette prohibition à la condition que : 1° la douane aura donné son consentement à l'affectation spéciale des locaux, et que ; 2° il ne sera émis sur les marchandises y déposées ni récépissés ni warrants. Au surplus, il ne semble pas, malgré les réformes dont elle est sortie, que cette législation soit plus parfaite au fond que dans la forme.

Le premier texte qui organisa les magasins généraux en Autriche, date du 19 juin 1866. Il réédite une partie des erreurs dont notre législateur s'était déjà corrigé.

Sous le régime de cette loi :

1° Un seul titre était délivré au déposant, ce qui rendait toute vente impossible postérieurement à l'impignoration de la marchandise ;

2° Ce titre était transmissible par voie d'endossement ; mais les règles de son endossement n'étaient pas celles du droit commun — les endosseurs n'étaient pas obligés solidairement au paiement — le porteur n'avait de recours que contre son cédant immédiat — ce dernier n'était responsable que de l'existence et de la validité de la créance — les exceptions opposables au cédant étaient toutes opposables au porteur du titre ;

3° Les warrants n'étaient pas admis à l'escompte de la banque nationale.

Une telle législation ne donnait pas assez de sécurité au porteur du titre; les preneurs en étaient rares; les dépôts dans les magasins généraux présentaient donc peu d'utilité, et les bénéfices des magasiniers restaient fort minimes. A la suite d'enquêtes faites à l'étranger, la loi du 28 avril 1889 fut votée; le progrès qu'elle a réalisé est très appréciable.

La Banque d'Autriche-Hongrie escompte les warrants depuis cette époque.

Les magasins généraux sont réglementés en Hongrie par le Code commercial de 1875.

France. — Législation de 1848.

La création des docks fut déterminée dans les pays étrangers par les besoins d'une importation croissante; la France doit les siens aux troubles de 1848 et à la perturbation qu'ils apportèrent dans notre commerce (1)

1. Les articles suivants que nous tirons du cahier des charges dressé en 1833 pour l'adjudication d'un entrepôt à établir au Canal St-Martin, place des Marais à Paris, prouve qu'avant 1848 le warrant n'était pas totalement inconnu en France, mais son emploi n'y était pas général.

« Article 1. — L'administration ayant décidé dans l'intérêt du commerce et de la navigation que deux entrepôts réels de douanes seraient établis à Paris concurremment, l'un sur le canal St-Martin, place des Marais, l'autre sur les bords de la Seine à l'Île des Cygnes, la présente adjudication a pour objet la concession temporaire de l'entreprise de l'entrepôt à établir place des Marais, et des

(Loi du 21 mars 1848 et arrêté réglementaire du ministre des finances du 26 mars 1848). La crise se manifestait par l'encombrement des portefeuilles et des magasins. Pour procurer aux industriels un crédit que la situation générale n'encourageait pas, le ministres des finances, Garnier-Pagès, proposa la création de magasins où leurs propriétaires pourraient déposer, soit des matières premières, soit des produits manufacturés. Il leur était délivré un récipissé muni du timbre de la République,

droits appartenant à la Ville de Paris à percevoir audit entrepôt en vertu de la loi du 27 février 1832 et de l'ordonnance royale du 28 juin 1833.

« Cette adjudication sera faite aux charges et conditions suivantes:

« Article 2 . . . .

. . . .

« Article 28. — Clauses relatives au commerce de l'entrepôt.

« L'adjudicataire sera tenu de recevoir sans distinction, tant que l'emplacement le permettra, toutes les marchandises admissibles à l'entrepôt, qui seront présentées pour être entreposées et de là emmagasinées dans l'emplacement le plus convenable à leur nature.

« Il sera responsable de la garde et de la conservation de la marchandise entreposée.

« Article 29. — Il sera chargé de toutes les opérations relatives à la réception, à l'emmagasinement et à la livraison des marchandises.

A l'arrivé de la marchandise :

« La vérifier, la peser, en faire constater les avaries apparentes, les signaler au destinataire assez à temps pour que celui-ci puisse se mettre en règle, l'échantillonner s'il en est requis, l'entrer en magasin, l'y arrimer.

A la sortie :

« La désarrimer, peser et mettre hors de magasin ; le propriétaire de la marchandise disposera de la totalité des échantillons.

Des Warrants.

« Art. 30. — Le concessionnaire déclarera à l'entrepositaire (*ou* transmissible par voie d'endossement et que les comptoirs d'escompte étaient autorisés à recevoir, même revêtus d'une seule signature, la marchandise tenant lieu de la seconde.

eût pu dire plus clairement : au déposant) qui le demandera une reconnaissance ou warrant indiquant :

« La nature et l'espèce de la marchandise ;

« Sa provenance ;

« La quotité du droit de douane auquel elle est imposée ;

« Le nombre, l'espèce et la marque des colis;

« Leur poids total et partiel ;

« Le jour de l'entrée en entrepôt ;

« L'indication du magasin où la marchandise est déposée ;

« Le folio de l'enregistrement sur les livres de l'administration de l'entrepôt.

« Cette reconnaissance sera visée conforme aux registres de la douane par l'un des agents de cette administration attaché à l'entrepôt et désigné par elle à cet effet, mais sans responsabilité, ni pour cet agent, ni pour l'administration elle-même (1).

« Article 31. — Le warrant sera rédigé de manière à être transférable par endossement. Lorsqu'un warrant aura été délivré, le transfert de la marchandise ne pourra être effectué sur les registres de la douane que sur la représentation du warrant endossé, à l'effet de quoi le propriétaire sera tenu, sous les peines de droit, d'en faire mention dans sa déclaration à la douane.

« La douane, en effectuant le transport sur ses registres, le mentionnera sur le warrant. Le concessionnaire ne devra délivrer la marchandise au porteur du warrant endossé qu'autant que le transfert de la douane y sera mentionné.

« Article 32. — Le concessionnaire devra à toute réquisition représenter au porteur du warrant la marchandise qui y est désignée. Sa responsabilité ne cessera vis-à-vis de ce porteur que par la rentrée entre les mains du cessionnaire du warrant régulièrement acquitté.

« Article 33. — L'entrepositaire (*nous répétons que le mot déposant eût été mieux choisi*) pourra se faire délivrer un warrant gé-

<hr>

(1) Cf. Ch. III, § 2, la rédaction du récépissé et du warrant.

Cet expédient trouve sa justification dans la crise qu'il devait combattre ; il permettait, suivant la parole du ministre, d'anticiper sur la consommation par la circulation ; il paraissait appelé à rendre les plus grands services, et

néral pour la partie entière de la marchandise entreposée, ou des warrants partiels pour chaque division de la marchandise.

« Tout porteur du warrant régulièrement endossé aura le droit de l'échanger contre un ou plusieurs warrants délivrés en son nom.

« Article 34. — Le concessionnaire percevra à son profit un franc par chaque warrant délivré ou renouvelé.

« Article 35. — Le concessionnaire sera seul exclusivement chargé de la manutention des marchandises entreposées. Il choisira les employés et les agents dont il aura besoin. Il choisira également les ouvriers et hommes de peine qui travaillent dans l'entrepôt, à charge de les faire agréer par l'administration des douanes, conformément aux règlements.

« Mais l'administration municipale et l'administration des douanes auront en tout temps le droit de requérir le renvoi de ces préposés pour des motifs graves. Aucun ouvrier étranger au service ne pourra être admis dans l'entrepôt sans le consentement du concessionnaire.

« Article 36. — Le concessionnaire ou les gérants ou administrateurs de la compagnie dé l'entrepôt ne pourront directement ou indirectement faire le commerce des marchandises admissibles à l'entrepôt.

. . . .
. . . .

« Article 41. — La Chambre de commerce de Paris réglera avec l'approbation de l'autorité compétente et par assimilation aux marchandises tarifées le droit de magasinage des marchandises non désignées au tarif.

. . . .
. . . .

« Article 48. — La perception des droits qui font l'objet de l'adjudication sera faite par le concessionnaire à ses risques et périls. L'administration ne lui garantit en aucune manière ni les quantités des marchandises qui pourront être expédiées à l'entrepôt, ni les recouvrements des droits sur les marchandises qui y auront été reçues ; l'administration ne garantit non plus, ni au concessionnaire, pour hâter la fondation des magasins généraux, on décida qu'ils pourraient être ouverts d'urgence par les commissaires du gouvernement sur la demande des conseils municipaux ou des chambres de commerce.

Bientôt, de nombreux établissements furent créés; (soixante dans les départements). Leur fortune fut diverse. Les uns, situés dans les grands centres, répondant à un besoin impérieux du commerce, prospérèrent; d'autres restèrent inactifs; plusieurs disparurent. On l'expliqua par les vices de l'institution et une réforme sembla presque immédiatement nécessaire.

I. — On fit d'abord remarquer la défaveur qui planait sur tous les dépôts effectués dans les magasins généraux. A une époque où le commerce n'avait pas atteint le même développement et la même complexité que de nos jours, on concevait moins bien qu'un négociant, capable de faire largement honneur à sa signature, eût recours à de pareils procédés. On se défiait déjà du gage, on se défia des magasins généraux, qui parurent trop des Monts-de-Piété

ni à qui que ce soit les effets du système de transmission des marchandises par le mode des warrants. »

Ces articles sont très clairs ; ils ne présentent plus guère qu'un intérêt historique et se passent de commentaire.

Des deux entrepôts dont il est question dans l'article 1er, l'un, celui des Marais fut concédé à la Compagnie Thomas, qui céda elle-même ses droits à la Compagnie des Entrepôts et magasins généraux de Paris. L'affaire prospéra. Les terrains affectés à l'entreprise devinrent insuffisants ; les exploitants furent autorisés à la transporter rue d'Allemagne à la Vilette, et sur les vastes emplacements qu'ils ont reçu de la Ville de Paris à bail emphythéotique est maintenant installé l'admirable entrepôt du Pont-de-Flandre. L'entrepôt de l'île des Cygnes, affermé à M. Verbrougy, ne fonctionne plus.

à l'usage du commerce et beaucoup réclamèrent la création de récépissés-warrants au porteur.

II. — L'existence d'un seul titre ne prêtait pas à l'institution toute la souplesse indispensable aux opérations variées dont les dépôts peuvent être l'objet ; et notamment, le déposant perdait la possibilité d'aliéner la marchandise impignorée, puisque le titre de propriété n'était plus entre ses mains.

III. — Des formalités gênantes et coûteuses, quoique d'une utilité discutable, étaient exigées du déposant. Chaque endossement était obligatoirement transcrit sur les registres du magasin général. — A l'entrée, à chaque transmission du titre, la marchandise devait être vérifiée et estimée par un courtier et des experts. — Le gage était d'une réalisation très onéreuse.

IV. — Le porteur du récipissé pouvait, dédaignant la sûreté spéciale qui lui avait été conférée, exercer sa créance contre tous les autres biens et même contre la personne du débiteur.

V. — Le privilège de la douane pesait trop lourdement sur les marchandises entreposées.

On s'efforça d'améliorer une institution qui avait rendu des services incontestables en temps de crise, mais dont la gestation s'était produite trop brusquement. Le commerce avait besoin d'un instrument répondant mieux à son activité normale. On supprima donc la formalité de l'expertise qui avait déplu. — On doubla le récipissé d'un bulletin de gage ou warrant, sans qu'il fût interdit au porteur d'emprunter sur la marchandise par un endossement en garantie du récipissé. — De tous les endossements, un seul, le premier, dut être obligatoirement transcrit sur les registres du magasin général, afin d'indiquer à l'acquéreur éventuel de la marchandise l'existence et le montant de la dette qu'elle garantit. — Le porteur du récipissé put, même avant l'échéance du warrant, retirer la marchandise en consignant au magasin général le montant de la dette, intérêts compris. — Enfin on donna satisfaction aux plaintes du commerce sur l'ancien mode de réalisation du gage ; le porteur du warrant ne put exercer son recours contre l'emprunteur et les endosseurs qu'après avoir fait valoir ses droits sur la marchandise, et en cas d'insuffisance.

Ces modifications sont contenues dans la loi du 28 mai 1858, qui constitue encore le fond de notre législation. Elle a été complétée par le règlement du 12 mars 1859 et modifiée sur un point spécial par la loi du 31 août 1870. Au moment d'entrer en guerre contre l'Allemagne, on supprima une partie des formalités qui gênaient l'ouverture des magasins généraux en sauvegardant toutefois l'intérêt des déposants. Enfin, des plans de réforme ont été présentés. Le plus célèbre fut l'objet d'une proposition de loi déposée par M. Émile Ferry et d'un rapport de M. Dupuy-Dutemps ; mais la législature s'est achevée sans qu'il fut discuté, son auteur est mort et il ne semble pas que sa tentative doive aboutir (1). Peut-être nos législateurs n'ont-ils pas toujours atteint le but qu'ils poursuivaient. M. Mathieu, de la Corrèze, chargé par la commission de rapporter le projet qui fut la loi de 1870, prévoyait alors sans les réfuter une partie des attaques plus tard dirigées con-

1. Voir Ch. VIII, *in principio* et § 2.

tre elle ; la législation de 1858 n'en constitue pas moins dans son ensemble un réel progrès. Au surplus, n'est-ce pas une vérité scientifique, que les lois doivent être reprises sans cesse, pour s'adapter exactement à l'être et à son évolution ?

Certaines dispositions exceptionnelles établies par la loi de 1858 au bénéfice exclusif des magasins généraux, ont été depuis étendues à l'ensemble des opérations commerciales. Par exemple, la constitution du gage ne doit plus être nécessairement constatée par acte public ou sous seing privé enregistré pour être opposable aux tiers (loi du 23 mai 1863) ; la vente du gage peut s'effectuer sans l'autorisation de justice. — D'autres, au contraire, lui sont restées particulières. Ainsi, un magasin général peut escompter, puis endosser, un warrant dont le paiement est garanti par des marchandises qu'il entrepose. Il se trouve pourtant alors dans la situation d'un débiteur qui conserve la détention du gage constitué par lui. — Lorsqu'à l'échéance, le propriétaire de la marchandise ne rembourse pas le porteur du varrant, celui-ci peut faire procéder à la réalisation du gage sans sommation préalable, alors que la loi de 1863, exigerait une sommation. (1).

Chaque institution vient à son heure. Ainsi des docks. La pratique de l'importation, la spécialité, l'ampleur, l'extensibilité variable de ses affaires, en détermine d'abord la création sur les rivages et près des marchés où elle se concentre. Et l'apparition des docks, causée par

____

1. Il est vrai que le protêt contient sommation de payer.

un besoin réel et normal, due à la seule initiative du commerce est couronnée par un franc succès. Grâce au génie de l'inventeur, l'institution rapidement se dégage de l'état embryonnaire, se vulgarise, se complète, se perfectionne suivant les aspirations du commerce, et c'est bientôt un instrument de richesse qui fait envie aux voisins. Ceux-ci dans un jour de trouble pensent à l'imiter. On fait des lois. Mais le terrain était mal préparé, le courant des affaires est différent, la crise a tout désorganisé. On voulait des magasins généraux, on a créé des Monts-de-Piété; il faudra vingt ans pour triompher de l'ignorance et du préjugé. Car si le jurisconsulte s'institue parfois le collaborateur de l'évolution économique, il n'en est jamais le maître.

CHAPITRE PREMIER

DE L'ENTREPOT

SOMMAIRE

§ I. — Définition. Historique (les ports francs). Législation.

§ II. — Des divers modes d'entrepôt.

A. — Entrepôts des douanes.

    a. — *Entrepôts réels.* — Définition, ouverture, entrée, séjour des marchandises, mutation d'entrepôt, sortie des marchandises. Responsabilité en cas de fraude. Entrepôt du prohibé et entrepôt irrégulier. Entrepôts spéciaux.

    b. — *Entrepôts fictifs.* — Définition. Objet. Conditions.

B. — Entrepôts des contributions indirectes et des octrois. Analogie et différences avec les entrepôts des douanes.

    a. — Règles spéciales aux entrepôts des contributions indirectes.

    b. — Règles spéciales aux entrepôts des octrois.

§ III. — Opérations juridiques dont les marchandises entreposées peuvent être l'objet.

A. — *Vente.* — a. — Vente amiable. — *Formes.* Publicité, présentation de la marchandise, déclaration de transfert. — *Modalités.* Vente par filières, sur échantillons, à l'acquitté ou à la consommation, à l'entrepôt, à l'acquitté avec faculté d'entrepôt. — *Effets.* Déclaration à la régie, délivrance et garantie dues par le vendeur.

    b. — Vente forcée. — Forme.

B. — *Nantissement.*

C. — *Privilège de la régie.*

APPENDICE AU CHAPITRE PREMIER

Les entrepôts à l'étranger. — Italie, Angleterre, Belgique.

§ Ier. — Définition. Historique. Législation.

L'entrepôt est un établissement où sont magasinées des marchandises grevées de droits de douane, de régie et d'octroi pour les soustraire à ces droits si elles ne sont point consommées à l'intérieur (1).

Un importateur prenant livraison de sa marchandise cherche à la vendre et n'a point à lui fixer de destination. S'il veut l'introduire en France, le droit commun l'oblige à acquitter les taxes de douane, de régie et d'octroi dont elle est grevée. Or, ces taxes peuvent être élevées et le négociant hésite à en sacrifier les intérêts jusqu'au placement ; peut-être même les conditions du marché lui font-elles craindre que le placement soit difficile et qu'à un moment donné la réexportation pourra être nécessaire. Afin de ne point écarter ces marchandises de notre commerce national, on a créé l'entrepôt. Sous certaines conditions variant avec sa nature (entrepôt réel, fictif, irrégulier ou spécial), la marchandise y peut entrer en franchise.

1. Les entrepôts et les magasins généraux sont deux institutions connexes, il nous a paru nécessaire de n'aborder la seconde qu'après avoir donné quelques renseignements sur la première. Ce court chapitre n'a point d'ailleurs la prétention d'être un résumé complet, et nous regrettons vivement que notre science y paraisse trop visiblement inférieure à l'aridité du sujet.

La législation des entrepôts est contenue principalement dans les textes suivants : Décret du 22 août 1791 ; L. 4 germ. an II ; Loi 8 flor. an XI ; D. 11 juin 1806 ; D. 30 mars 1808 ; Ord. 9 déc. 1814 ; L. 7 déc. 1815 ; L. 28 avril 1816 ; Ord. 30 oct. 1816 ; L. 25 mars 1817 ; L. 21 avril 1818 ; L. 27 juillet 1822 ; L. 24 juin 1824 ; L. 17 mai 1826 ; L. 0 fév. 1832 ; L. 27 fév. 1832 ; L. 21 avril 1832 ; L. 28 juin 1833 ; L. 26 juin 1835 ; L. 25 juin 1841 ; D. 12 fév. 1870 ; L. 31 déc. 1873 ; D. 19 juin 1888.

Passe-t-elle plus tard dans la consommation intérieure ?
elle acquitte les droits à la sortie : le placement en est-il
impossible ? les droits ne seront jamais dus.

Sous l'ancien régime, quelques-uns de nos ports bénéfi-
ciaient du privilège de l'exterritorialité, c'est-à-dire, étaient
considérés au point de vue douanier comme pays neutres,
et les navires y entreposaient leurs cargaisons sans payer
les droits. Cette mesure avait deux inconvénients :

1° L'industrie des ports francs souffrait d'un isolement
profitable au commerce ; ses produits pour franchir la
ligne douanière devaient acquitter les taxes ;

2° Le commerce maritime recueillait à lui seul presque
tout le bénéfice de cette organisation, puisque toutes les
villes de franchise étaient des ports. C'était d'ailleurs une
erreur très accréditée chez les économistes d'alors qu'il
fallait encourager de préférence le commerce par mer.

Et pourtant l'entrepôt eût été d'autant plus utile que :

1° La lenteur des communications de toute nature, (renseignements, ordres, transports), provoquait la multiplication des marchés au détriment de leur importance et
rendait fort difficile l'évaluation, même approximative, des
existences.

2° Les transactions étant moins fréquentes et peu sûres,
l'acheteur ne traitait guère que sur le vu des stocks ; il
y avait donc grand intérêt à les rapprocher du marché
où ils devaient être offerts.

3° De nombreuses douanes intérieures percevaient des
taxes variées d'entrée et de sortie sur une matière imposable fort abondante.

Les premiers entrepôts furent créés par Colbert : d'abord ceux destinés à recevoir les marchandises d'exportation (1664), plus tard ceux destinés aux produits d'importation (1684). Leur organisation était vicieuse et incomplète (1). Grâce aux réclamations de la ferme (sous tous les régimes les financiers ont eu le privilège de savoir se faire entendre des pouvoirs publics), l'ensemble de ces mesures fut rapporté en 1688 ; les entrepôts ne devinrent accessibles qu'aux marchandises des Indes occidentales et orientales, et de la Guinée. Enfin leur réorganisation commença en 1791, au profit de l'industrie des alcools ; le principe en fut rétabli par le consulat dans une loi de 1803 que remplaça la loi de 1832 et cette dernière n'a reçu que des modifications de détail.

La marchandise, quelle que soit la nature de l'entrepôt où elle a stationné, n'acquitte les droits qu'à la sortie. Non seulement elle ne les doit point auparavant, mais on ne sait même pas alors si elle les devra jamais. C'est donc le tarif en vigueur à la sortie qui lui est applicable. On en déduira que :

1° Si, pendant le séjour de la marchandise, les tarifs ont été modifiés, ni l'administration, ni le déposant ne pourront invoquer les tarifs anciens pour n'acquitter qu'une somme inférieure ou exiger une somme supérieure au montant de la taxe nouvelle.

2° Si, avec l'autorisation de la régie, le négociant fait subir à sa marchandise pendant l'entrepôt une manuten-

1. La même marchandise ne pouvait être entreposée pendant plus de six mois.

Pour obéir aux théories économiques du siècle, on ne favorisait que la réexportation.

tion qui en change la définition fiscale et la soumet à des taxes différentes de celles qui l'atteignaient précédemment, c'est de ce dernier état qu'il faudra tenir compte pour la taxer. Par exemple, le cognac entré en fûts sort en bouteilles ; la taxe sur l'alcool en bouteilles devra être exigée.

3° Si la marchandise périt pendant son séjour à l'entrepôt (incendie, coulage, etc), elle n'est point imposée.

§ II. — Des divers modes d'entrepôt.

Les entrepôts dépendent de l'administration des douanes, des contributions indirectes ou des octrois.

A. ENTREPÔTS DES DOUANES

Les entrepôts des douanes sont réels ou fictifs.

a. Entrepôts réels des douanes.

Les entrepôts réels (1) sont des magasins publics à la disposition de tous les commerçants et soumis à la surveillance de l'administration. Pour sauvegarder les droits de chacun, leurs issues sont fermées à deux clefs, l'une reste à l'administration, l'autre au délégué du commerce (2).

Les premiers entrepôts réels des douanes furent localisés dans les ports, construits et gérés par l'Etat. Depuis 1832 (3), l'autorisation d'ouvrir un entrepôt peut être accordée par décret aux conseils municipaux, qui en sup-

1. Voy. Loi du 27 février 1832.

2. Tout le personnel de l'entrepôt doit aussi être agréé par l'administration et, sur sa demande, il encourt la révocation.

3. Voy. Loi du 27 février 1832, art. 1, 9, 10.

portent les frais d'édification, gestion et surveillance, et perçoivent en compensation des droits de magasinage et de manutention. Le tarif de ces droits, les plans des magasins, quais, ports et autres bâtiments y annexés sont soumis à l'approbation gouvernementale. Si le conseil municipal d'une localité n'use pas de la préférence que la loi de 1832 lui confère, celle-ci peut être donnée à la Chambre de commerce dans les mêmes formes. Il arrive même fréquemment que les Conseils municipaux et les Chambres de commerce cèdent à des sociétés commerciales ou à des particuliers le bénéfice de leur autorisation, moyennant une part du gain résultant de la gestion (1). Une telle cession est contraire sinon au texte de la loi, du moins à son esprit. En effet, le droit d'ouvrir des entrepôts réels n'a été donné aux Chambres de commerce que dans l'intérêt général du négoce et non pour leur permettre d'accroître sans grand effort leur patrimoine. En admettant, comme on y est tout disposé, qu'elles emploient au mieux l'argent qu'elles se procurent ainsi, il reste certain que le but du législateur n'est pas atteint. Il voulait mettre les entrepôts sous la surveillance de corps administratifs présentant par leur constitution même toute sorte de garanties, il arrive surtout à multiplier les sources de leurs revenus (2).

1. Dans ce cas, l'intention du Conseil municipal et de la Chambre de commerce est ordinairement constatée dans le procès-verbal d'une délibération. Exemple : à Valenciennes où le Conseil municipal a abandonné à la Chambre de commerce le droit d'exploiter l'entrepôt ; celle-ci l'a cédé à MM. X et Cie. — L'entrepôt de Douai au contraire est exploité par la municipalité.

2. Les Chambres de commerce ne sauraient conférer à leurs ces-

Entrée et séjour des marchandises. — Les marchandises entrant à l'entrepôt sont accompagnées d'une déclaration de détail faite sur papier libre, signée du déposant et portant la qualité, le poids, la mesure ou le nombre des objets déposés, suivant que les droits sont dus au poids, à la mesure ou au nombre. Cette déclaration est en tout semblable à celle exigée pour l'entrée des marchandises destinées à la consommation. Les agents des douanes vérifient les marchandises, puis mention est faite sur le *sommier* ou *compte ouvert* des quantité, espèce, qualité, provenance de la marchandise entreposée, ainsi que du pavillon importateur.

Les marchandises sont classées par espèces et par propriétaires (1). Toute autre manutention que celles intéressant la conservation de la chose est interdite, sauf autorisation spéciale.

Une même marchandise ne peut séjourner dans les entrepôts définitivement institués par la loi du 28 floréal an XI, art. 25, pendant plus de trois années consécutives, ni plus d'un an dans les entrepôts provisoires ou de tolérance (2). Le délai d'entrepôt commence à courir à par-

sionnaires des droits plus étendus que ceux qui leur ont été personnellement accordés. Doit donc être considérée comme abusive la perception faite par le susdit cessionnaire de taxes supérieures à celles que la Chambre de commerce était autorisée à prélever. Voy. Bordeaux, 10 mars 1879, S. 81. 2. 181.

1. Les circulaires des 3 vendémiaire an XIII et 1er mars 1832 ordonnent qu'il soit fait tous les ans et pour chaque entrepôt réel un relevé des marchandises qui y sont effectivement contenues. Cet état, comparé avec les registres de l'entrepôt, permet de constater les irrégularités. Les causes doivent en être recherchées.

2. Voy. Loi 27 février 1832, art. 3. et Circ. 1er mars 1832.

tir de l'inscription de la marchandise sur le sommier (entrepôts maritimes) ou de la délivrance de l'acquit à caution (pour la marchandise dirigée sur un entrepôt de l'intérieur). Une prolongation peut être accordée, mais elle est exclusive de toute réexportation. Si, à l'expiration du délai de trois ans, la marchandise n'est pas réexportée, les droits sont liquidés d'office et la marchandise est vendue pour en assurer le paiement, au cas où le propriétaire n'y pourvoirait pas autrement (1).

Mutation d'entrepôt (2). — Toute mutation d'entrepôt nécessite une déclaration qui contient, outre les éléments de la déclaration d'entrée, l'indication de l'entrepôt sur lequel les marchandises doivent être dirigées. Celles-ci sont vérifiées au départ et à l'arrivée par les agents des douanes ; elles voyagent accompagnées d'un acquit à caution, et, si quelque fraude est constatée, elle est punie des peines ordinaires : confiscation, amende, privation de la faculté d'entrepôt.

La mutation d'entrepôt n'augmente pas le délai dont peuvent bénéficier les marchandises entreposées (3).

Sortie des marchandises. — Les marchandises sortent des entrepôts, soit pour être livrées à la consommation intérieure, soit pour être réexportées. Dans les deux cas, l'administration ne s'en dessaisit complètement qu'après le paiement :

1° Des droits de douane, pour les marchandises livrées à la consommation intérieure ;

1. Voy. même chapitre, § 3, Opérations juridiques dont les marchandises entreposées peuvent être l'objet : Vente forcée.
2. Voy. Loi 27 fév. 1832, art. 6, loi 26 juin 1835, art. 1er.
3. Voyez Loi 27 févrir 1832, art. 3.

2° Des frais de magasinage et de manutention ;

3° D'un droit spécial de 0,50 par 100 kilogrammes ou de 0,15 par 100 francs de valeur, au choix du redevable, pour les marchandises réexportées par mer.

Le déposant, qui veut retirer sa marchandise, fait une déclaration contenant, outre les éléments de la déclaration d'entrée, l'indication de la destination, le nom et le pavillon du navire réexportant. Un permis de sortie est délivré par l'administration. Les préposés vérifient la marchandise, surveillent son embarquement et son passage à l'étranger, et le constatent sur le permis de sortie qui doit être rapporté à l'administration des douanes.

Les droits sont dus pour le déficit dépassant le déchet admis comme naturel. On sait que la douane jouit pour leur recouvrement d'un privilège mobilier, qui porte notamment sur la marchandise entreposée (1).

Toute fraude commise par déposant entraîne l'application des pénalités ordinaires, et supplémentairement l'exclusion de la faculté d'entrepôt. Au surplus, la mauvaise foi n'étant jamais présumée, l'entreposant ne pourra être rendu responsable envers la douane de la disposition frauduleuse des marchandises, s'il n'est prouvé qu'il en est l'auteur ou le complice (2).

Toute faute ou fraude commise par ses agents entraîne la responsabilité de la douane (argument C. Civ. 1382 et suiv.). La douane est aussi responsable de toute perte, avarie, soustraction ou substitution ayant pour objet des marchandises placées sous sa garde exclusive.

1. Voir même chapitre, § 3, *in fine*, Privilège de la Régie.
2. Voy. Loi 8 floréal an XI, art. 83 et loi 27 février 1832, art. 8.

S'il y a lieu à indemnité pécuniaire, son évaluation est basée sur l'estimation faite dans l'acquit à caution, alors même que, depuis cette estimation, la valeur de la chose a changé, ou que l'estimation était, lorsqu'elle a été faite, contraire à la vérité.

Entrepôt du prohibé. — L'entrepôt du prohibé est une des variétés de l'entrepôt réel. On appelle *prohibé* les marchandises qui, pour des motifs politiques ou écono-miques, ne sont pas reçues à l'importation. Ces marchan-dises, admises dans d'autres pays, n'en constituent pas moins un aliment important pour notre industrie des trans-ports et on a pensé à juste titre qu'il fallait s'efforcer de lui en conserver le bénéfice. Les entrepôts du prohibé y concourent (1). Leur nombre, limité par la loi du 9 fé-vrier 1832 qui les organise, s'est, depuis, accru notable-ment (2). L'administration n'autorise leur ouverture que si les locaux y affectés présentent les garanties spéciales, nécessaires contre la fraude. Les magasins du prohibé doivent être absolument isolés des autres bâtiments de l'entrepôt réel, et, si les dépôts de cette nature sont assez nombreux, un entrepôt exclusivement réservé au prohibé doit être créé.

Le prohibé est reçu et entreposé suivant le même mode que les stocks tarifés. A sa sortie, il est réexpédié par

1. Il y a aussi des produits qui ne sont admis ni à l'entrée, ni dans les entrepôts du prohibé ; par exemple : les contrefaçons de produits français. Les accueillir serait encourager les adversaires de notre commerce. Il y en a d'autres qui ne sont admis que dans certains entrepôts du prohibé ; par exemple, le tabac et les armes de guerre.

2. Voyez Loi 9 fév. 1832, art. 17 et s.

mer (1) ou en transit sous les conditions et garanties ordinaires. Si un colis contient à la fois des marchandises
prohibées et des marchandises tarifées, la douane peut
autoriser leur séparation.

Entrepôt irrégulier. — On appelle *entrepôt irrégulier* l'entrepôt du prohibé dans un magasin public, qui n'est pas
autorisé à recevoir le prohibé (2). Il ne peut s'effectuer que
dans les ports, d'où sa grande analogie avec l'entrepôt réel
maritime. Suivant le tonnage du navire porteur et la proportion du prohibé dans la cargaison, la durée de l'entrepôt est plus ou moins longue, mais elle ne peut jamais
dépasser quatre mois. Un droit de magasinage est dû pour
l'entrepôt irrégulier, et souvent, une amende frappe le
capitaine du navire porteur.

Entrepôts spéciaux. — Certaines localités, certains entrepôts ont été l'objet de règles spéciales, à raison de
leurs habitudes commerciales, des denrées qui forment
la majeure partie de leur importation, de la configuration
des magasins de l'entrepôt, etc., etc. Pour le port de
Marseille, qui a de fréquentes relations avec le Levant,
elles sont écrites dans l'ordonnance du 10 septembre
1807 ; pour les ports de la Manche et de l'Océan, dans
les lois diverses qui accordent des exonérations et des
facilités de manutention variant avec la nature des produits importés (3). Les particularités de l'entrepôt de
Lyon, spécial aux soiries, sont bien connues. Un ré-

---

1. Voyez Loi 27 mai 1826, art. 21 ; L. 9 fév. 1832, art. 21.
2. Voyez Loi 9 fév. 1832, art. 22 et s.
3. Voyez notamment L. 19 oct. 1791, art. 1, 2, 4 ; L. 21 av. 1818,
art. 29 ; D. 16 av. 1818, 13 oct. 1818, 6 juin 1821.

gime spécial est encore appliqué à l'entrepôt des tabacs (1),
grains, farines (2), sels (3), sucres (4), etc. etc.

b. Entrepôts fictifs des douanes.

Il y a entrepôt fictif lorsque la marchandise est entreposée dans un magasin appartenant à un commerçant particulier et réservé à son usage exclusif. La marchandise
ne peut être entreposée fictivement que sur autorisation.

Il n'existe d'entrepôt fictif que dans les villes d'entrepôt réel, ou (pour les grains et farines importés), un bureau des douanes (Loi du 15 juin 1864).

L'entrepôt fictif ne peut avoir pour objet que :

1° Les produits coloniaux français régulièrement importés par navires français et jouissant d'une modération
de droits à raison de leur origine et de ce mode de transport (L. 7 décembre 1815 art. 2).

2° Toute marchandise soumise au droit d'entrée sous
les garanties fixées par la loi (L. 8 floréal an XI, art. 14).

3° Les houilles (circulaire du 24 juillet 1836), et généralement toute marchandise qui causerait des encom-
brements dans les entrepôts réels, et sur laquelle une surveillance efficace peut être exercée.

L'entrepôt du prohibé ne peut être fictif.

L'entrepôt fictif est soumis aux conditions suivantes :

1° La marchandise doit être parfaitement conservée et
franche de toute avarie. Celle qui est sujette à coulage est

---

1. Voyez L. 7 juin 1820, art. 1er.
2. Voyez Loi 15 juin 1861, art. 3 ; Circ. 19 juin 1861.
3. Voyez Loi 24 av. 1806, art. 56 ; D. 11 juin 1806, art. 22, etc.
4. Voyez Loi 29 juillet 1884, art. 5, etc.

conservée, même en entrepôt fictif, dans un magasin fermé à deux clefs, dont l'une reste à la douane (Loi 27 juillet 1832, art. 12. — Loi 7 décembre 1815 art. 2).

2° Déclaration est faite par le réclamant au bureau des douanes, et avant la mise en entrepôt, des magasins où la marchandise sera enfermée, avec soumission de la représenter en même qualité et quantité toutes les fois qu'il en sera requis.

3° Défense est faite de changer les marchandises de magasin sans déclaration préalable et permission spéciale de la douane, à peine de payer immédiatement les droits au cas de mutation non autorisée et le double droit en cas de soustraction absolue ; indépendamment d'une amende, qui peut s'élever au double de la valeur de la marchandise soustraite (L. 8 floréal, an XI, art. 15).

4° Une caution reconnue solvable par le receveur doit garantir l'exécution des obligations prescrites par la loi.

5° Un étranger, qui n'a pas de domicile en France, ne peut être admis au bénéfice de l'entrepôt fictif.

Le déclarant ayant la garde de sa chose, tous les risques restent à sa charge, et, il est tenu de payer les droits pour le déficit.

La durée maxima de l'entrepôt fictif est d'une année ; mais une prolongation peut être accordée.

La marchandise fictivement entreposée peut opérer une mutation d'entrepôt ou passer dans un entrepôt réel. Dans ce dernier cas, l'ensemble des années d'entrepôt ne doit jamais dépasser trois ans. De même, la marchandise étrangère peut passer d'un entrepôt réel dans un entrepôt fictif, à la condition que la durée totale de l'entrepôt ne dépasse pas trois ans, et celle de l'entrepôt fictif, un an (déc. 5 avril 1841).

L'administration prend, pour éviter la fraude, des mesures de surveillance parfois rigoureuses. Elle prélève des échantilons sur les marchandises fictivement entreposées, interdit tout déballage, remaniement, division de colis en l'absence de ses agents et visite chaque trimestre les entrepôts fictifs.

B. — ENTREPÔTS DES CONTRIBUTIONS INDIRECTES ET DES OCTROIS.

Les entrepôts des contributions indirectes et des octrois sont établis d'après les mêmes principes que les entrepôts des douanes.

1° Les marchandises qu'ils reçoivent n'acquittent les droits qu'à la sortie, et seulement si elles passent dans la consommation de la commune. Les locaux y affectés sont placés sous la surveillance des préposés des contributions indirectes et des octrois (L. 9 juin 1874 ; Trib. corr. Cherbourg, 2 mai 1887).

2° Les modes d'entrepôt applicables aux marchandises étrangères, le sont aussi aux marchandises qu'atteignent des contributions indirectes ou des taxes d'octroi. Il faut encore distinguer l'entrepôt réel de l'entrepôt fictif.

3° Les règles sur l'entrée, le séjour et la sortie des marchandises entreposées par les contributions indirectes et les octrois sont identiques ou analogues à celles applicables aux marchandises entreposées par les douanes.

Certains points, qui sont communs aux entrepôts des contributions indirectes et des octrois, les différencient des entrepôts des douanes :

1° Au point de vue de leur création. Des entrepôts publics pour les marchandises sujettes aux droits peuvent être établis par les communes à octroi, et les marchandises y introduites jouissent aussi bien du crédit pour les droits généraux que pour les taxes locales. L'entrepôt public est alors un établissement essentiellement municipal dont la gestion engage la responsabilité de la commune.

2° Les employés des contributions indirectes suivent, dans l'intérêt des communes comme dans celui du trésor, les exercices dans l'intérieur des villes sujettes, chez les entrepositaires de boissons et les distillateurs ;

3° L'entrepôt en matière de contributions indirectes et d'octroi est de durée illimitée ; au moins s'il est fictif.

Règles spéciales aux entrepôts des contributions indirectes. — Ces règles varient avec la nature des marchandises à entreposer, qui sont principalement : les boissons, les alcools dénaturés, les huiles, les vinaigres, les bougies, les explosifs, les sels, les sucres.

Boissons. — Il n'y a que deux entrepôts réels pour les boissons en France, tous deux à Paris, au quai St-Bernard et à Bercy. La province ne connaît donc que l'entrepôt fictif et son corollaire si violemment attaqué : l'exercice. L'entrepôt fictif se prêtant facilement à la fraude, le contribuable qui y a recours est sévèrement traité ; on exige même qu'il paie les droits sur tous les manquants (sauf une exception de peu d'importance et relative aux vins, cidres et poirés).

Sucres. — En dehors des fabriques, la loi n'admet pas l'entrepôt réel. Les plus importants sont ceux de Paris (deux) et de Lille. D'autres ont été postérieurement ouverts à Valenciennes, Douai, Le Havre, St-Quentin, Bordeaux, Amiens, Rouen, Marseille, St-Ouen, Terguier, Dunkerque.

Les sucres ne voyagent en transit que lorsqu'ils sont destinés au sucrage des vins.

Presque toutes les autres marchandises sont fictivement entreposées, le plus souvent dans les locaux du fabricant, où elles restent jusqu'à leur consommation.

La régie des contributions indirectes possède un privilège très efficace pour assurer le recouvrement des droits en principal et intérêts, et des frais de magasinage.

Règles spéciales aux entrepôts des octrois. — Les tarifs des octrois doivent être approuvés par l'autorité compétente.

L'entrepôt en matière d'octroi est réel ou fictif.

L'entrepôt réel peut être ouvert par la municipalité dans les conditions que nous avons exprimées plus haut.

Il est alors permis au Conseil municipal de demander la suppression des entrepôts fictifs. Si l'entrepôt est réel, il est dû un droit de magasinage ou de location ; s'il est fictif, le bénéficiaire est soumis à l'exercice.

Le bénéfice de l'entrepôt à domicile est accordé par le maire. En principe, tout commerçant remplissant les conditions prescrites a droit à l'entrepôt fictif ; toutefois, l'admission des marchandises en entrepôt constitue un acte administratif dont les tribunaux civils ne peuvent pas connaître ; ils constatent seulement si les conditions exigées pour l'exonération des taxes sont ou non remplies par l'entrepositaire qui la demande (Voyez ord. 9 déc. 1814, art. 41, 56. — Loi 28 avril 1816, art. 30. — Loi 28 juin 1833, art. 9.

§ III. — Opérations juridiques dont les marchandises entreposées peuvent être l'objet.

1° Il y a antinomie entre la nature de certains contrats et l'institution des entrepôts. Par exemple, on ne comprendrait pas le louage, le prêt d'une marchandise entreposée.

2° Le droit commun est en principe applicable à tous les contrats ayant pour objet les marchandises entreposées. Le cadre juridique de ces contrats ne peut être modifié que par des textes formels ou par la volonté concertante des parties.

A. VENTE

La vente des marchandises entreposées peut être amiable ou forcée.

a. Vente amiable.

En matière de vente amiable, il est dérogé au droit commun quant aux formes, aux modalités et aux effets du contrat.

Formes. — La publicité et la présentation des stocks doivent être faites suivant certaines règles. Le catalogue de la vente publique est soumis à l'administration des douanes. Si, dans l'intérêt du commerce national, ou pour quelque autre motif d'ordre collectif particulier, la vente est faite sous condition que la marchandise sera réexportée, la douane en prend note, refuse de recevoir postérieurement toute déclaration d'entrée émanant de l'acquéreur ou de ses ayants droit, et l'acquit à caution délivré pour mutation d'entrepôt porte que la marchandise est prohibée à la consommation.

Les marchandises d'entrepôt réel sont exposées et vendues sans déplacement ni dessaisissement de la part de la douane, sous sa surveillance et pendant les heures légales d'ouverture des bureaux.

Les marchandises d'entrepôt fictif ne peuvent être déplacées pour la vente qu'après déclaration de changement de magasin.

Les marchandises étrangères sujettes aux droits et vendues dès l'arrivée ne peuvent être déplacées et mises en vente que dans les locaux acceptés par la douane, et sous sa surveillance. Circ. 31 mars 1859.

La vente conclue, le cédant au nom duquel la déclaration d'entrée a été faite, prévient la douane par une déclaration de transfert. Le transfert en douane investit alors l'acquéreur de la qualité de propriétaire vis-à-vis de la douane, qui est obligée de lui délivrer la marchandise. Si la vente a été faite en gros et publiquement, les acquéreurs de marchandises en entrepôt réel signent sur les registres de la douane ; pour les marchandises fictivement entreposées, ils fournissent de nouvelles cautions.

Les entrepôts réels sont tenus à la délivrance de récépissés-warrants, comme les magasins généraux. La vente des marchandises qu'ils reçoivent peut donc s'effectuer aussi par la négociation de ces titres.

Modalités pouvant affecter la vente des marchandises

entreposées. — Toutes les modalités applicables aux ventes commerciales ordinaires peuvent généralement être appliquées à cette vente.

1° La vente des marchandises entreposées s'effectue souvent au moyen de filières. Les bons de livraison sur entrepôt présentés à l'acceptation doivent porter :

a. les numéros d'entrée qui servent à déterminer l'objet de la vente ;

b. le visa de l'entrepôt, qui, au regard pe l'acheteur, garantit l'existence de la marchandise en magasin, et au regard du vendeur, le décharge personnellement des droits dus éventuellement par la marchandise ;

c. la signature du vendeur.

A défaut de ces indications, l'acheteur peut refuser l'acceptation de la filière et décliner toute responsabilité pour inexécution du marché.

2° La marchandise peut être aussi vendue sur échantillons. Pour leur prélèvement, le déposant doit se soumettre aux règlements des entrepôts, qui contiennent souvent des dispositions spéciales à cet égard.

3° D'autres modalités sont particulières à la vente des marchandises entreposées. Il faut à ce point vue distinguer :

a. la vente à l'acquitté ou à la consommation ;

b. la vente à l'entrepôt ;

c. la vente à l'acquitté avec faculté d'entrepôt ;

Si la vente est faite « à l'acquitté », la marchandise est livrée franche de tout droit de consommation. Ceux-ci sont payés par le vendeur. Si la vente est faite à « l'entrepôt », les droits restent à la charge de l'acheteur. Le montant des droits étant déterminé d'après les tarifs en vigueur à la sortie, c'est le vendeur dans la première hypothèse, l'acheteur dans la seconde qui bénéficie de l'abaissement survenu entre la vente et la livraison ou supporte la charge de leur élévation pendant le même délai.

Il y a vente à l'acquitté avec faculté d'entrepôt, lorsque la marchandise doit être livrée franche de tout droit de consommation, mais que l'acheteur se réserve de prendre livraison à l'entrepôt, en diminuant le prix du montant des droits de douane que le vendeur n'a pas à payer.

On discute sur le point de savoir si le prix doit être diminué du montant des taxes appliquées lors de la vente, ou du montant des taxes appliquées lors de la livraison. La question ne se pose pas si les parties ont indiqué leur intention à ce sujet, mais, en cas contraire, faut-il faire supporter par le vendeur ou par l'acheteur les chances de variation et de suppression de la taxe entre le moment de la vente et celui de la livraison ?

On a soutenu qu'il fallait déduire le montant des taxes instituées par le tarif du jour de la vente.

1° D'abord, disait-on, les parties en contractant n'ont pensé qu'aux choses existantes ; elles ont pris en considération le tarif appliqué lors du contrat, sans prévoir les conséquences d'une modification éventuelle. — Est-ce bien certain ? Le commerce n'est-il pas averti des réformes douanières longtemps avant leur réalisation ? Et la spéculation, qui est l'âme de ses opérations, ne peut-elle prévoir ces changements ? Cet argument nous semble ébranler la doctrine qu'il veut soutenir.

2° On ajoute : le prix de la vente à la consommation se

décompose en deux éléments : le montant de la valeur de la chose et le montant des droits. L'acheteur, se bornant à réclamer la marchandise avant que les droits soient acquittés, ne doit payer que la première partie du prix, c'est-à-dire, le prix total diminué du montant des droits, tels qu'ils sont fixés par les tarifs lors de la vente.

La doctrine presqu'unanimement et la jurisprudence repoussent cette théorie (S. 33. 1. 22. D. 33. 1. 351). On ne veut pas mettre le vendeur à la discrétion de l'acheteur et laisser à ce dernier le profit d'une diminution ou d'une suppression éventuelle des droits sans qu'il doive supporter les conséquences de leur augmentation. C'est là qu'aboutit le système adverse, l'acheteur usant de la faculté d'entrepôt si les droits ont baissé, se livrant à l'acquitté dans le cas contraire. D'ailleurs en admettant que la réduction doit être égale au montant des droits applicables à l'époque de la sortie, on se conforme aux principes généraux, car cette vente est faite à la consommation et la faculté d'entrepôt, qui y constitue l'exception, doit être restrictivement interprétée.

Effets de la vente amiable. — La vente de la chose entreposée produit ses effets entre les parties contractantes dès qu'elle a été conclue, et l'acheteur devient immédiatement propriétaire au regard du vendeur ; mais elle n'est pas opposable à la régie si celle-ci n'en a pas été avertie, soit par la déclaration de transfert, soit par constatation de la vente sur ses registres avec signature des parties, soit par demande en décharge de la soumission ; alors même que la Régie aurait reçu avis de la vente sous une autre forme.

Le négociant entrepositaire, qui a fait soumission de représenter la marchandise entreposée et ne s'est point fait décharger de sa soumission, reste donc passible des peines légales en cas de soustraction des marchandises de l'entrepôt ; quand bien même il les aurait cédées avant cette soustraction, que cette cession serait connue de la régie, et que la soustraction serait le fait de l'acquéreur (L. 8 flor., an XI, art. 15 et 32. — Cassat. 9 mars 1835. S. 35. 1. 694).

Obligations nées de la vente. — La vente fait aussi naître des obligations entre le vendeur et l'acheteur.

Le vendeur est spécialement obligé : I. à la délivrance ; II. à la garantie.

I. *Délivrance.* — La livraison peut être due, soit à l'entrepôt, soit hors d'entrepôt ; quelle que soit d'ailleurs la partie à qui incombe le paiement des droits. Quand il est stipulé que la livraison sera faite à l'entrepôt et que l'acheteur ne vient pas s'y livrer, le vendeur, pour accomplir son obligation, doit aux jour, heure et lieu fixés procéder à la livraison. Ordinairement la marchandise est conduite au pesage. Le vendeur fait apposer sur elle sa marque et la contremarque de l'acheteur ; puis elle est réarrimée et conservée aux frais, risques et périls de ce dernier. A raison de leur nature, la livraison de certaines marchandises a été soumise à des règles spéciales; notamment celle des liquides.

II. *Garantie.* — La douane ne certifie point que le vendeur est bien propriétaire des marchandises entreposées sous son nom (jusqu'à preuve du contraire on considère le déposant comme propriétaire de la chose soumise à l'entrepôt), mais elle est tenue de garantir, lorsque demande lui en est faite, l'existence des marchandises placées dans ses magasins.

b. — Vente forcée.

La vente forcée des marchandises entreposées peut être poursuivie :

1° Par tout créancier du déposant, suivant les règles admises en matière commerciale ;

2° Particulièrement par la régie, créancière des taxes, frais de magasinage et de manutention, etc.

On sait que la durée de l'entrepôt est de trois années. A l'expiration de ce délai, si les marchandises ne sont point retirées, l'administration liquide d'office les droits dus par le déposant. Sommation de payer lui est faite, à son domicile s'il est présent, au domicile du maire dans le cas contraire. Un mois après, la marchandise est l'objet d'une saisie-exécution et la vente en est faite d'après les règles déterminées par le Code de procédure civile, articles 617 et s. L'administration des entrepôts est désintéressée sur le prix. S'il y a un reliquat, il est versé à la Caisse des dépôts et consignations, où le déposant peut le retirer dans l'année. A défaut, il est définitivement acquis au Trésor.

B. — NANTISSEMENT.

Les marchandises entreposées sont susceptibles d'impignoration, car elles sont nécessairement des choses mobilières et dans le commerce.

Pour les constituer en gage, le déposant donnera en

nantissement, à la façon de tout meuble incorporel, le bulletin de dépôt délivré par la régie à l'entrée, on mettra le warrant en circulation (1).

Du fait de l'entrepôt du gage, les droits du créancier gagiste reçoivent certaines modifications :

1° Son privilège est primé par celui de la régie. Si le constituant n'acquitte pas les droits qui lui sont dus, à l'expiration du délai de trois ans, la marchandise entreposée sera vendue comme il a été dit plus haut, et, après seulement que la régie aura été désintéressée sur le prix, le créancier gagiste exercera son droit sur le reliquat.

2° La chose entreposée et impignorée n'est point dans la détention directe du créancier gagiste. L'entrepôt la détient pour lui. Elle ne passera entre ses mains que du jour où le gage sera retiré de l'entrepôt.

C. — Privilège de la régie (1).

Ce privilège porte sur tous les meubles du déposant. Il est primé par quelques autres, notamment celui accordé pour le recouvrement des frais de justice. La revendication exercée par le propriétaire de marchandises encore sous balle et sous corde lui fait également échec.

Il garantit à la régie, non seulement le recouvrement des droits de toute nature dus à l'occasion de la chose

---

1. Pour cette dernière hypothèse, voir *infra*, Ch. III, Des titres délivrés par les Magasins Généraux. Les règles sont les mêmes si le récépissé-warrant a été délivré par un entrepôt.

1. Nous ne signalons que pour mémoire ce privilège dont l'étude, qui appartient beaucoup plus au droit fiscal ou au droit civil qu'au droit commercial, surchargerait notre matière déjà fort longue. — Voy. C. com., art. 575, Rouen, 5 juin 1817.

(taxes douanières, d'octroi, contributions indirectes, droits de magasinage, de manutention, etc.), mais encore de toutes les autres dettes contractées envers la régie par le consignataire, quelle qu'en soit l'origine.

APPENDICE AU CHAPITRE PREMIER

LES ENTREPOTS A L'ÉTRANGER

Un grand nombre de législations étrangères ont, comme la nôtre admis une limitation à la durée de l'entrepôt, avec faculté de prolongation. Elle présente de nombreux avantages :

1° Elle évite l'encombrement des magasins ;

2° Elle restreint un personnel de surveillance très coûteux ;

3° Elle diminue le danger de fraude, d'autant plus menaçant que l'entrepôt dure plus longtemps.

D'ailleurs une marchandise entreposée pendant trois ans est souvent d'un placement difficile. Majorer sa valeur par un supplément de magasinage, serait le rendre tout à fait problématique. Pourquoi la laisser inutilement encombrer les docks ?

La plupart des pays étrangers admettent aussi l'entrepôt fictif, avec des variantes dans la dénomination et dans le détail de son fonctionnement. La durée en est presque toujours illimitée, et cela s'explique par l'absence des causes qui ont déterminé la limitation de l'entrepôt réel.

En *Italie*, la durée de l'entrepôt réel ne doit pas dépasser deux années, plus l'année en cours. Elle peut être prolongée de deux autres années, avec l'autorisation du directeur des douanes. La durée du dépôt dans les magasins généraux ou privés n'est pas limité par la loi (loi 11 septembre 1862, art. 11).

En *Angleterre*, la durée de l'entrepôt réel est de cinq ans, avec renouvellement facultatif sous certaines conditions et autorisations. Les docks anglais ont reçu un aménagement remarquable et rendent au commerce les plus grands services. Le fisc anglais a aussi conféré à des établissements d'origine et de nature diverses des privilèges plus ou moins étendus (1).

1. Voir notre Introduction et notre Chapitre II.

En *Belgique,* la durée de l'entrepôt, fixée à deux ans jusque dans ces dernières années, est maintenant illimitée. La législation de cette matière est contenue dans les lois des 26 août 1822, 4 mai 1846 et 1er mai 1858. D'autres textes règlent des points de détail. La loi de 1846 a permis certaines manutentions nécessaires, et pourtant interdites avant elle ; elle a supprimé les rétributions légales perçues par les employés des douanes pour leur profit personnel et facilité la déclaration et la visite. On distingue en Belgique : l'entrepôt franc qui ressemble beaucoup à notre entrepôt réel, l'entrepôt public placé sous la garde exclusive du fisc, l'entrepôt particulier, spécial à un commerçant mais agréé par l'administration, et fermé à deux clefs dont l'une reste entre les mains du fisc, et l'entrepôt fictif (1).

1. Sur les entrepôts belges, voir notamment les *Pandectes belges,* aux mots « Entrepôt », et « Douane »; renseignements extrêmement nombreux et intéressants. La question des entrepôts en Belgique est malheureusement touffue et la législation nous paraît réclamer une simplification.

CHAPITRE II

ORGANISATION ET FONCTIONNEMENT DU MAGASIN GÉNÉRAL.
— DE LA MARCHANDISE ET DU MAGASINIER —

SOMMAIRE

V. Prescription.

VI. Opérations connexes au magasinage. Diverses
    opérations libres. Prêts faits par le magasinier
    sur la marchandise (Renvoi).

Appendice au Chapitre II.

Le personnel des docks.

    Situation actuelle. France et étranger. Utilité d'une réforme.

Les jurisconsultes ne visitent guère les magasins généraux. Leur nom évoque la chose. Qu'on se rappelle nos grands ports de commerce : le Havre, Marseille, Bordeaux, Dunkerque, ou mieux encore les bords de la Tamise à Londres. D'immenses bâtisses longent les quais. A travers les estacades, les voies ferrées et les hangars, la foule s'empresse : armateurs, commis, débardeurs, matelots, interprètes. On tire les navires à l'abordage, on charge, on décharge, on arrime, on hisse, on roule, on pèse, on visite la marchandise, et sous l'œil calme des douaniers, on l'entraîne au magasin proche, qui l'absorbe. Le passant s'étonne devant cette cohue bariolée d'exotisme où tant d'hommes de races et de langages divers, manipulent tant de richesses : ce sont les magasins généraux.

« Ils sont généraux, disait une commission italienne,
« nommée pour étudier le projet Castagnola (1871), en ce
« sens qu'ils doivent être construits et disposés de façon
« à posséder ce caractère de généralité et de publicité
« qui éloigne tout soupçon et tout péril d'altération de
« marchandises et développe le champ de négociation
« des titres et du mouvement des marchandises. » En d'autres termes, le magasin général n'est pas un bazar de gros ; tout au moins il n'y vise pas. Il est général parce

qu'il doit ses services à tous ceux qui les réclament et que la méconnaissance de ce principe amènerait sans doute les plus grandes perturbations dans le monde commercial.

§ Ier. — Création des magasins généraux.

L'exploitation des docks n'est pas libre, mais elle ne constitue pas à proprement parler un monopole. Prévoyant le danger d'une mauvaise gestion, la loi de 1858 avait subordonné leur ouverture à des garanties importantes ; le candidat présentait une demande détaillée avec plans, devis, tarifs, règlements, etc., etc. : elle était examinée par la Chambre de commerce, à son défaut par la Chambre des arts et manufactures de l'arrondissement, par le préfet, le ministre des finances, le ministre du commerce et le Conseil d'Etat, qui formulaient leur avis ; l'autorisation était prononcée par décret impérial, et, pendant toute la durée de l'exploitation, l'établissement restait sous la surveillance gouvernementale. Lorsque survinrent les premiers désastres de la guerre franco-allemande, ce luxe de précautions, déjà fort attaqué par les défenseurs d'un régime de liberté, parut à tous impraticable. On voulait rendre plus facile un crédit dont on prévoyait l'impérieuse nécessité, et, dans un brusque revirement, l'ancien système faillit disparaître en entier. Les uns proposaient la suppression de toute autorisation et de toute surveillance, d'autres préconisaient la coexistence d'établissements libres et d'établissements autorisés par le préfet, en invoquant le souvenir des sociétés à responsabilité limitée qui avaient fonctionné parallèlement aux sociétés anonymes autorisées ; enfin, un projet de M. de Soubeyran subordonnait l'ouverture des magasins à l'autorisation du préfet et permettait d'astreindre l'exploitant au dépôt d'un cautionnement variant entre vingt mille et cent mille francs. De ce projet largement modifié est sortie la loi du 31 août 1870, qui est encore en vigueur.

Pour ouvrir un magasin général, toute personne doit solliciter l'autorisation préfectorale. A la demande sont annexés les plans, devis et autres garanties assurant la régularité de l'exploitation. La Chambre de commerce, à défaut, la Chambre consultative des arts et manufactures, à défaut, le Tribunal de commerce, sont consultés ; il est statué dans un très bref délai. Le préfet détermine aussi le montant du cautionnement, qui est toujours obligatoire et varie de vingt mille à cent mille francs ; il est fourni en rentes sur l'État, obligations cotées à la bourse, numéraire, ou remplacé par une première hypothèque, prise au nom du directeur de l'enregistrement sur des immeubles d'une valeur double de la somme garantie.

La loi de 1870, qui réglemente cette matière, n'a modifié en rien la création des entrepôts réels et des salles de ventes publiques ; c'est donc par décret que doit être accordée l'autorisation d'ouvrir un magasin entrepôt ou un magasin général avec salle de vente publique y annexée.

De même, la législation est toujours applicable aux établissements ouverts avant le 31 août 1870 et qui n'ont rien changé à leur organisation depuis cette époque (sauf pour la surveillance gouvernementale, qui est abso-

lument supprimée). Ils ont toutefois la faculté de se soumettre au régime nouveau, et, à cette condition, bénéficient des avantages qu'il procure aux magasiniers (1).

Un magasin général ayant été créé sous le régime
ancien ouvre postérieurement une annexe. Quelle législation faudra-t-il appliquer à cette annexe? En vertu de
cette règle que l'accessoire suit le principal, on pourrait
être tenté de la soumettre, comme le magasin lui-même,
à la loi ancienne. C'est pourtant la solution contraire qui
doit prévaloir, car la loi de 1870 abroge les anciens textes
relatifs à l'établissement des magasins généraux ; en conséquence, l'autorisation d'ouverture doit être demandée
au préfet et le cautionnement est obligatoire. On admet,
d'autre part, que le dit cautionnement est applicable à
à l'ensemble des locaux qui constituent le magasin général (2).

Qui peut être autorisé à ouvrir un magasin général ?
L'autorisation peut être accordée à toute personne capable, simple particulier ou société commerciale (3).

La loi de 1848 permettait aux Chambres de commerce
et aux conseils municipaux d'en bénéficier également. Dans
le silence des textes postérieurs, ce droit leur est toujours
reconnu.

1. Cette option présentera comme inconvénient principal pour le
magasinier l'obligation de verser un cautionnement. En revanche,
il pourra suivant les termes de la loi du 31 août 1870 art. 3, prêter
sur nantissement des marchandises à lui déposées ou escompter
les warrants qu'il délivre.

2. En ce sens. Lyon-Caen et Renault, *Traité de droit Commercial*,
tome III, p. 248.

3. La plupart des Sociétés qui exploitent des magasins généraux
sont des sociétés anonymes.

L'autorisation d'exploiter certains docks, dont l'importance s'annonçait comme devant être considérable, a été subordonnée à cette condition que l'établissement ferait retour à l'Etat dans un délai déterminé, et que l'Etat pourrait exercer un droit de rachat (Docks de Marseille, Déc. 23 août 1856. Docks du Havre Déc. 17 juin 1854).

Parfois aussi le décret d'autorisation a reconnu l'établissement d'utilité publique.

Cession du magasin général. — En principe, tout cessionnaire de magasin général ne peut entreprendre son exploitation qu'après avoir obtenu une autorisation semblable à celle qui serait exigée pour ouvrir l'établissement. Rien n'est plus juste, ni plus logique, que cette assimilation de la cession à l'ouverture, faite par le décret tardif du 21 avril 1888. Il ne faut pas qu'un industriel, dépourvu des garanties suffisantes pour être lui-même autorisé, puisse tourner la loi en chargeant un comparse d'obtenir l'autorisation et de lui en transmettre le bénéfice. Au surplus, le changement de la personne de l'exploitant est assez important pour qu'on puisse dire que l'affaire toute entière en est modifiée.

Très fréquemment, les Chambres de commerce et les conseils municipaux, ayant obtenu l'autorisation d'ouvrir un magasin général, en cèdent le bénéfice à des particuliers, moyennant une part du gain fourni par l'exploitation (1). Cette cession s'opère sur adjudication publique,

1. A Valenciennes, par exemple, il existe un entrepôt réel de sucres indigènes, auquel est adjoint un entrepôt libre. La Chambre de commerce, titulaire de l'autorisation en vertu de laquelle ils ont été ouverts, a cédé son droit à une société commerciale moyennant une perte de 10 0/0 dans les bénéfices. Au contraire, l'entre-

si l'autorisation a pour objet l'ouverture d'un magasin-entrepôt ; s'il s'agit d'un simple magasin général, elle a plus souvent lieu à l'amiable. La loi française soumet au droit commun les conseils municipaux et les Chambres de commerce qui exploitent des magasins généraux. Il faut en conclure que le décret du 21 avril 1888 leur est applicable, et qu'ils ne sont plus admis à transmettre le bénéfice de leur autorisation.

Plusieurs municipalités ou Chambres de commerce, après avoir cédé une première fois la jouissance de l'autorisation dont elles étaient bénéficiaires, ont tenté d'en tirer de nouveaux profits, en faisant la même concession à d'autres exploitants.

Exemple : Il y a quelques années, la commune de St-

pôt réel des sucres de Douai (fondé en 1853) est géré par la municipalité. — Ce que nous avons dit sur la préférence accordée aux conseils municipaux et Chambres de commerce pour la création d'entrepôts est également vrai pour la création des magasins généraux (voyez page 28).

Les résultats ont souvent démontré les inconvénients d'une telle pratique, et c'est toujours les négociants qui finalement les supportent. — Plusieurs Chambres de commerce ont largement assumé la mission spéciale qui leur était offerte ; en créant de vastes établissements bien organisés et placés sous leur direction immédiate, elles ont rendu au commerce de précieux services. Nous citerons principalement la Chambre de commerce de Bordeaux dont les entrepôts sont de création récente (1878). De plus, la Chambre, constatant qu'il était nécessaire de renseigner les intéressés sur le fonctionnement normal des docks, a publié en 1890 et distribué gratuitement aux commerçants de la contrée, un *vade-mecum du magasinier, du banquier et du négociant,* fort pratique et fort bien composé. Son auteur, M. Siméon Lisse est devenu le régisseur général des entrepôts de la Chambre de commerce de Bordeaux.

Voy. Claudio Jannet : *Le Capital, la Spéculation et la Finance au* xix° *siècle,* page 240 et suiv.

Ouen conférait à la Compagnie des entrepôts et magasins généraux de Paris le droit d'ouvrir sur son territoire un entrepôt réel des sucres indigènes. Postérieurement, le même droit fut accordé à un particulier. La Compagnie des entrepôts réclama, et nous croyons savoir que la sous-direction du contentieux du ministère des finances, consultée par la commune de St-Ouen, ne lui donna point le conseil de résister. L'affaire n'eut pas de suite.

Plus récemment, la Compagnie des entrepôts et magasins généraux de Paris était autorisée par le Conseil municipal de Roubaix à établir dans cette ville un conditionnement des matières textiles, avec magasin général y annexé. Comme une très grande quantité des laines du marché doivent passer par le conditionnement, pour que des échantillons y soient prélevés et examinés, la situation du magasin annexe était fort bonne. On s'en aperçut bientôt et le conseil municipal voulut aussi monter un conditionnement avec magasin général. La Compagnie des entrepôts et magasins généraux de Paris a fait juger par la Cour de Douai qu'il n'en avait pas le droit ; l'affaire sera portée devant la Cour de cassation, mais il nous semble probable que la Cour suprême confirmera cet arrêt. En effet, par hypothèse, le cédant a été autorisé à ouvrir un magasin général ; la première cession le dépouille donc intégralement de son droit (1) *nemo plus juris transferre*

1. L'acte de cession sera parfois conclu dans des termes suffisamment explicites pour qu'il ne soit pas douteux qu'une seconde cession ne pourrait être valablement consentie par le cédant. Exemple: l'acte intervenu entre la Chambre de commerce de Valenciennes et la Société X et C¹ᵉ, concessionnaire de l'entrepôt réel des sucres indigènes, art. 11, « Moyennant l'exécution des obligations con-

potest quam ipse habet ; en effectuant la seconde cession,
il se placerait dans une situation analogue à celle du vendeur, qui aurait vendu deux fois sa chose. Comme le premier acheteur serait recevable à faire déclarer la nullité
de la seconde vente, le premier cessionnaire serait recevable à faire déclarer la nullité de la seconde cession,
sous réserves de dommages et intérêts. — Dans l'espèce,
l'intervention des pouvoirs publics serait également ex-
plicable. Ils ont autorisé la municipalité ou la Chambre
de commerce à ouvrir un seul magasin général, et, par
son fait, deux établissements ont été créés ; elle a donc
outrepassé les limites de l'autorisation et se trouve en
faute.

Cependant, la municipalité ou la Chambre de commerce
pourrait avoir deux cessionnaires, à la condition que chaque cession n'ait pour objet qu'une partie de l'exploitation, ou que les cessions n'aient eu qu'un effet successif.

Les municipalités et Chambres de commerce ne sauraient conférer à leurs cessionnaires des droits plus étendus

« tractées par les concessionnaires, la Chambre de commerce leur
« fait concession, sans aucune garantie, de tous les droits qui lui
« sont conférés relativement aux entrepôts, tels qu'ils sont et se
« comportent. Cette convention est faite pour le terme de quatre-
« vingt-dix-neuf années consécutives à partir du 21 février 1854. —
« La Chambre de commerce et les concessionnaires, ayant parfaite
« connaissance des autorisations, cahiers des charges ou tarifs et de
« tous autres actes intervenus jusqu'aujourd'hui au sujet des en-
« trepôts ci-dessus, conviennent que les concessionnaires se trou-
« vent, pour tout ce qui concerne lesdits entrepôts, mis entièrement
« et d'une manière absolue, aux lieu et place de la Chambre de com-
« merce, tant sous le rapport de ses droits que sous celui de ses
« charges et obligations, le tout sans aucune exception, répétition
« ni réserve. »

que ceux qui leur ont été personnellement accordés. Doit donc être considérée comme abusive, la perception faite par le susdit cessionnaire de taxes supérieures à celles que la Chambre de commerce était autorisé à prélever (Voy. Bordeaux, 19 mars 1879. S. 81. 2. 181).

Révocation de l'autorisation. — L'autorisation peut être révoquée, mais non arbitrairement ; la révocation doit être motivée par une contravention du magasinier ou par des abus portant préjudice aux intérêts du commerce. Les formes de la révocation sont les mêmes que celles de l'autorisation. La révocation prononcée sans que les parties aient été entendues est susceptible d'être attaquée devant le Conseil d'Etat pour excès de pouvoir et atteinte au droit de défense reconnu par le décret du 12-31 mars 1859, art. 11.

Suppression de la surveillance gouvernementale. — La loi du 31 août 1870, qui modifie les règles relatives à l'autorisation, supprime d'une façon absolue la surveillance antérieurement exercée par le gouvernement sur les magasins généraux. Leur exploitation est donc entièrement libre, à l'autorisation près. Le décret de 1859, les soumet seulement « aux mesures générales de police concer-
« nant les lieux publics affectés au commerce ; les com-
« missaires de police doivent y maintenir l'ordre et veiller
« à ce qu'on ne s'y serve que de poids et de mesures poin-
« çonnés par l'administration. » (1).

1. Voir *infrà* même chap. § IV-IV, la communication des livres aux préposés de l'enregistrement.

Magasins non autorisés.

L'industrie du magasinage n'est point monopolisée. A la condition d'avoir la capacité commerciale, les exploitants qui n'ont point sollicité l'autorisation ou qui, l'ayant sollicitée, ne l'ont point obtenue, peuvent néanmoins se livrer au magasinage pur et simple. En d'autres termes, il leur est permis de recevoir, conserver, manutentionner, réexpédier la marchandise, mais sans bénéficier du régime spécial édicté par les lois du 28 mai 1858 et 31 août 1870, et par le décret du 12 mars 1859. (Délivrance de récépissés-warrants, prêt sur nantissement des marchandises à eux déposées, etc.). Ils cumulent d'ordinaire cette profession avec celle de commissionnaire.

L'acheteur des marchandises soumises à ce mode d'entrepôt, en devient propriétaire par la prise de possession matérielle. Délivrance est faite sur un bon d'enlèvement à son nom, signé du vendeur, puis la marchandise est transférée dans l'emplacement réservé à ses stocks. S'il y a eu faute du personnel, le magasin particulier comme le magasin général est responsable envers le propriétaire des sorties effectuées sans ordre régulier ou sans remise des titres qui représentent la marchandise. De même, si l'exploitant d'un magasin particulier, ne peut représenter, lors du règlement, que des bons d'enlèvement dont les quantités sont, au total, inférieures à celles constatées à l'entrée, il doit la différence au déposant.

Le nantissement des marchandises en magasin particulier est, comme leur vente, soumis au droit commun. Il n'est valable qu'autant que le débiteur s'est dessaisi au profit du créancier ; la marchandise est alors transportée dans la partie du magasin louée à ce dernier et réunie à ses stocks. La question de savoir si le dessaisissement a été régulièrement opéré est, au premier chef, une question de fait.

Un magasin général non autorisé ou irrégulièrement autorisé entre en voie de fonctionnement. Quelle sera la sanction de cette infraction ? Aucun texte ne prévoit cette hypothèse, aucune pénalité particulière ne peut donc être prononcée contre l'exploitant ; il faut se contenter, en constatant que le bénéfice du régime spécial est exclusivement accordée aux magasins généraux munis d'une autorisation régulière, de reconnaître au délinquant la capacité d'un magasinier ordinaire, et d'atteindre tous ceux de ses actes qui l'excéderont.

I. Le magasin non autorisé, qui fait des avances sur nantissement de marchandises à lui déposées, contrevient aux lois organisant les maisons de prêts sur gage et tombe sous le coup de l'article 411 du Code pénal. En vain invoquera-t-il la nature de ces avances et la loi du 23 mai 1863, celle-ci a eu pour but de faciliter le prêt sur gage en matière commerciale, d'en simplifier les formalités, non d'en faire une industrie nouvelle, et l'article précité frappe sans distinction toutes les maisons non autorisées (1).

II. La jurisprudence considère comme nuls les war-

1. La doctrine l'a toujours proclamé. Après quelque hésitation, la jurisprudence s'est complètement ralliée à cette solution.

« Attendu que l'art. 411 C. pén. prohibe l'établissement et la te-
« nue des maisons de prêts sur gages sans autorisation ; qu'il ne
« fait aucune distinction entre les maisons dont les prêts auraient

rants délivrés par le magasin irrégulièrement constitué, et spécialement ceux émis pour faits de marchandises placées dans des locaux adjoints au magasin général régulièrement autorisé, lorsque ces locaux n'ont point
été soumis à l'autorisation préfectorale. Le warrant étant
nul, son porteur n'a point de privilège. On justifie cette
solution en rappelant que, si les magasins généraux bénéficient de droits spéciaux, c'est à raison des garanties

« un caractère commercial, et celles dont les opérations seraient
« purement civiles ;
« Attendu qu'il n'a été dérogé à cet article ni par la loi du 28
« mai 1858 sur les magasins généraux, ni par la loi du 23 mai 1863,
« modificative du Code de commerce et relative au gage commer-
« cial ;
« Attendu que la loi du 28 mai 1858 n'a nullement affranchi le
« prêt habituel sur gage, en matière de commerce, de la prohibi-
« tion portée à l'article 411 C. pén. ; qu'elle s'est bornée à organi-
« ser, au profit du commerce, le crédit sur warrant par la créa-
« tion de magasins généraux ; que la loi du 23 mai 1863 n'a pas
« davantage dérogé à cette prohibition ; que si elle a eu aussi pour
« but de favoriser le développement du crédit par des facilités
« nouvelles, elle a réalisé ce but en affranchissant le gage com-
« mercial des formalités imposées par la législation civile ; mais
« que ces dispositions laissent entièrement en dehors de ses pré-
« visions le prêt commercial habituel, prévu par la loi pénale... »
Cassat., Ch. criminelle 2 janvier 1890.
Voyez encore en ce sens, l'arrêt de la Cour de Paris du 29 juin
1889, contre lequel s'étaient pourvus MM. X. — Cassat., Ch. criminelle, 24 janvier 1884. *Gaz. Pal.* 1884. 1. p. 341 et note. — Trib.
correct. de la Seine (1er ch.) 9 juillet 1890 ; *la Loi* n° du 11 juillet 1890.
Lyon-Caen et Renault, *Traité de Droit commercial*, tome III, page
225 et suiv.
Contrà : Douai 19 déc. 1887. D. 1882. 2. 302. — Trib. correct.
de la Seine (8e ch.) 19 avril 1882. Trib. correct. Seine (10e ch.) 16
janvier 1889. *la Loi* n° du 2 février 1889, (confirmé par la Cour
de Paris le 29 juin 1889).
Em. Jamais : *la Loi* n° du 3 juin 1889.

auxquelles ils sont astreints, et que, ces garanties dispa-
raissant, la faveur qui en est la conséquence doit dispa-
raitre également (1).

Il semble plus juste d'admettre que dans l'espèce, et
si le gage est commercial, le porteur du warrant conserve
sur la marchandise les droits d'un créancier gagiste ordinaire. Peu importe le mode par lequel il établit que
tels objets corporels lui ont été constitués en gage, pourvu
que la preuve en soit faite; or cette preuve résulte de
l'endossement du warrant. Si le gage était civil, au contraire, les conditions de forme n'étant pas observées, le
créancier perdrait tout privilège (2).

Malheureusement, les conclusions des meilleurs raison-
nements juridiques ne se concilient pas toujours avec
l'équité, et on ne peut s'empêcher ici de plaindre l'escompteur du warrant. Ni les usages du commerce, ni la
célérité des affaires ne lui permettent de s'assurer que le
magasin s'est fait autoriser en bonne et due forme; il est
probable que le déposant avait l'intention de warranter
régulièrement sa marchandise, que ses autres créanciers
eux-mêmes la considéraient comme régulièrement warrantée, et ne comptaient sur elle que très accessoirement
pour garantir le recouvrement de leurs créances; par
l'incorrection de l'exploitant la situation est bouleversée
et les droits des tiers reçoivent les plus graves atteintes.

III. Le privilège du créancier warrantaire n'est pas

1. Voyez Rennes 22 juillet 1881. S. 1882. 2. 5. Le pourvoi en
cassation introduit contre cet arrêt a été rejeté par la Chambre des
requêtes de la Cour de cassation. Arrêt 17 avril 1882.

2. En ce sens. Lyon-Caen et Renault. *Traité de Droit commercial*,
tome III, p. 294 *in fine*, et suiv.

seul modifié dans l'espèce ; les raisons de restreindre celui du fisc aux droits dus par la marchandise entreposée, n'existent plus, et l'administration devient recevable à l'exercer pour les sommes dues par les autres marchandises du déposant. Par contre, le magasinier n'est plus admis à invoquer la loi du 28 mai 1858, art. 8.

§ II. — Aménagement du magasin général.

On monte une entreprise selon ses fins. Les combinaisons commerciales à la réalisation desquelles concourt le magasin général sont des plus variées ; son action directe est triple ;

1° Il conserve la marchandise ;

2° Il facilite sa vente ;

3° Il facilite son engagement (1).

La marchandise, sa nature, son transport, sa manutention règlent l'aménagement des docks. L'exploitant prévoit l'importance et la composition des stocks qu'on lui confiera, puis, sur cette évaluation, il arrête les plans du magasin, les raccorde par des voies de fer et d'eau aux grandes lignes de communication, pose des appareils pour traiter la marchandise et la déplacer ; le tout, au meilleur marché possible, car la concurrence est sérieuse, et la loi du prix de revient, celle de l'offre et de la demande, même la lutte entre la grande et la petite industrie ne ménagent pas le magasinage.

Dans les grands centres, on étend cette installation.

1. Voir Introduction, p. 1 et suiv.

Le négociant trouve en magasin les machines perfectionnées que l'importance de ses affaires ne lui permet pas d'acheter : scies à vapeur, cuves à égalisage, machines à blutter, tararer, brosser, mélangeuses, pompes de débarquement, wagons-réservoirs, etc. Les quais et les appareils élévatoires sont construits avec le plus grand soin, pour activer, faciliter le chargement, le déchargement et réduire au minimum l'effort humain. Une salle de ventes publiques avoisine le dock. Un service de commission et courtage y assume toutes formalités de douane, regie et octroi, abouche la clientèle avec des entrepreneurs de transport, travaille au placement de la marchandise, etc. L'établissement communique chaque jour ou chaque semaine un relevé de ses existences, entrées et sorties, à la Chambre de commerce et aux autres corps intéressés ; on le complète par des renseignements télégraphiques sur le cours des grands exchanges du globe ; enfin, dans le voisinage des stocks, s'ouvre souvent un marché, dont ils sont le principal aliment.

Au surplus, chaque pays a ses habitudes. Là où le commerce avec l'extérieur s'est largement développé, les magasins généraux prennent une importance particulière. Le confortable ne saurait manquer aux institutions anglaises ; les docks de Londres y joignent la splendeur, et l'ingéniosité pratique de la race a perfectionné leurs détails jusqu'à la minutie (1). En France, quelques grandes Com-

1. Il est regrettable que le cadre scientifique de cette étude ne nous permette pas de les décrire ; ils intéresseraient probablement nos lecteurs. Voy. p. 8 et suivantes, le commencement du résumé historique. Nous le compléterons ici par quelques exemples. — Tous les murs

pagnies tiennent la tête de l'exploitation : la Compagnie des docks et entrepôts de Marseille (1854), celle du Havre (1856). La Compagnie des entrepôts et magasins généraux de Paris, de fondation plus récente, n'a pas moins de dix-neuf établissements autour de la capitale, et autant de succursales en province ; l'extension des entrepôts de Bordeaux doit être signalée ; enfin, presque tous les grands ports ont leurs entrepôts. Les magasins généraux de second ordre sont très nombreux à Paris et en province.

des quais des *dockers* sont concaves et les portes des écluses sont courbes pour résister à la poussée des eaux. Au « West India Dock », on a beaucoup étudié les modes de transbordement à employer pour faire passer les marchandises du navire au magasin général en traversant le quai dans sa largeur et, finalement, on a renoncé au wagonnet sur rails, pour adopter la berline, qui roule avec légèreté sur les dalles en pierre dure. Les caves du même dock reçoivent beaucoup de spiritueux ; elles sont éclairées par les rayons solaires, que de puissants miroirs y font d'abord converger, et que chaque ouvrier recueille ensuite sur d'autres miroirs, selon les besoins de son travail. (Les docks anglais prennent de grandes précautions contre l'incendie, mais n'assurent pas les marchandises). Toujours dans le même dock, les billes de bois exotiques sont transportées à l'endroit choisi, par un système de treuils ingénieusement combinés et rangées en pyramides. — Le Tobacco Warehouse du « London dock » est célèbre ; ses quais sont un chef-d'œuvre de construction hydraulique. — Le « Ste-Catherine dock » (Londons Tower) a été élevé sur un terrain très coûteux ; par économie autant que pour faciliter la réception et l'expédition, les magasins sont à l'aplomb des quais.

On sait que les îles anglo-normandes approvisionnent de pommes de terre une partie de l'Europe, alors que dans beaucoup de régions les plantations ne sont pas encore terminées. Rien de plus curieux que d'assister à leur chargement dans les docks de Jersey. Les pommes de terre, arrachées dans la journée et enfermées dans des tonnelets, sont descendues sur des camions au port de St-Helier, à la fin du travail. Une grue les fait passer du camion dans la cale ;

§ 3. — Marchandise entreposable.

Toute marchandise ne peut être déposée dans les magasins généraux. Il y a des restrictions légales et économiques. Les premières dérivent du caractère exclusivement commercial de l'institution, les secondes de la nature de la marchandise.

A

Il résulte de la loi du 28 mai 1858, art. 1er, et des travaux préparatoires qui l'éclairent, que :

1° Seules les matières premières, marchandises et objets fabriqués, peuvent être déposés dans les magasins généraux ;

le steamer part la nuit même, et dix-huit heures après, elles peuvent être mangées à Londres, à Manchester ou à Hull.

Beaucoup de magasins généraux français méritent une visite. — Dans l'entrepôt de St-Denis (Compagnie des entrepôts et magasins généraux) les voitures chargées d'alcool montent par une pente à hauteur du dernier étage. Le liquide descend ensuite par tuyautage dans les cuves. A la sortie, par l'application du même procédé, l'alcool descend au rez-de-chaussée sans le secours d'aucune force motrice et il quitte le magasin par la porte du bas. — A l'entrepôt d'Aubervillers (Compagnie des Entrepôts et magasins généraux) une scierie mécanique débite fort bien et fort rapidement le bois arrivé en grumes ; toutefois, il est probable que la proportion du bois débité à l'entrée sera de jour en jour plus considérable, car les déposants éviteront ainsi de payer le transport pour les déchets. — La Compagnie des entrepôts et magasins généraux a transporté sur les vastes terrains de St-Denis le palais des machines qui figurait à l'exposition de 1878 ; cinq étages y ont été ménagés pour l'entrepôt des grains. C'est un des rares locaux de la Compagnie charpentés en fer, la charpente en bois est préférée à cause de son élasticité.

2° Le dépôt ne peut en être fait que par des négociants ou industriels.

En outre il est unanimement admis que les négociants ou industriels ne peuvent déposer que les marchandises de leur commerce. Aucun texte à la vérité, ne le déclare en termes exprès, mais cette règle paraît bien conforme à la volonté du législateur ; le magasin général n'est point une maison de prêts sur gages et ce serait lui attribuer ce caractère que d'en permettre l'usage aux non-commerçants, ou même aux négociants et industriels, pour y warranter des choses en dehors de leur commerce.

Il appartient au juge du fait d'apprécier si les marchandises sont ou non du commerce du déposant. Au cas où le magasinier serait convaincu d'avoir délivré des warrants à de simples particuliers, ou à des négociants pour faits de marchandises en dehors de leur commerce et d'avoir escompté ces warrants, l'article 411 du Code pénal lui deviendrait applicable.

Les agriculteurs sont-ils des industriels et doit-on les classer parmi les privilégiés de l'article 1er ?

Malgré tout le respect que nous professons pour les jurisconsultes qui l'affirment, nous penchons vers la négative (1). La terminologie est loin de s'y opposer. L'agriculteur peut être appelé un industriel, parce que l'agriculture est certainement une industrie, que l'économie politique lui réserve une place dans le dénombrement des industries diverses, et que la qualification lui en est fréquemment attribuée par le vulgarisateur comme par le

1. *Contrà*. Lyon-Caen et Renault, *Traité de Droit commercial*, t. III, p.

savant. Elle mérite d'ailleurs de bénéficier du magasin général, et nul n'y contredit. Voudrait-on mettre le travailleur des champs dans un nouvel état d'infériorité vis-à-vis du marchand, qui déjà l'exploite, en le privant d'une arme que son adversaire manie à sa guise contre lui ? Le cultivateur commence à comprendre les services qu'elle peut rendre ; en attendant que le warrantage des produits agricoles ait reçu une organisation adéquate aux besoins de la culture et précurseur d'un « Crédit agricole », il prend chaque jour avec plus d'assurance le chemin du dock. L'administration même, dépositaire de la loi, pense si peu à lui en barrer l'accès, qu'elle déplore son insuffisance et demande sa réformation (1), on aurait mauvaise grâce à montrer plus de rigueur. N'est-il pas temps pour la doctrine de consentir à ce qu'elle ne peut empêcher?

C'est à tort également, qu'on a voulu fermer les docks aux marchandises dont la vente en gros est subordonnée

---

1. Voy. *infrà* ch. IV. Le magasin général et l'agriculture.

Nous tirons de l'exposé des motifs de la proposition de loi sur le warrantage agricole présentée par M. Ern. Delaunay, le 13 mai 1897, les lignes suivantes :

« Le cultivateur, nous objectera-t-on. peut, au même titre que le
« commerçant porter ses produits aux magasins généraux et les
« warranter, s'il estime que les prix de vente lui seront plus avan-
« tageux quelques mois plus tard ; en fait, il ne peut profiter de
« cet avantage, les magasins généraux n'existant que dans peu de
« villes et presque toujours à une trop grande distance des centres
« agricoles ; pour ceux mêmes qui sont rapprochés, les frais de
« transport et de camionnage, de magasinage, les frais de war-
« rant enfin laissent peu de chances de bénéfices à l'agriculteur
« qui les utilise. »

De la prétendue prohibition légale il n'est pas soufflé mot, et c'est un de nos législateurs qui parle ainsi.

ã l'autorisation de justice (1). Il est vrai que ce mode de négociation leur est fréquemment appliqué, mais il ne s'impose pas. A cet égard, le décret du 30 mai 1863, en fixant le minimum de valeur des lots pour ventes sur protêts de warrants de marchandises de *toutes espèces*, confirme en termes exprès le principe à déduire de l'art. 1er.

B

Les services du magasin général ne sont pas également profitables à toutes les industries. Il faut tenir compte à cet égard du rapport entre la valeur des stocks et le coût de leur transport — des particularités de leur conservation, — de leur aptitude à se mobiliser et notamment de leur tendance à l'égalité de valeur pour tous, — même de simples habitudes commerciales qu'une découverte, une loi nouvelle, peut bouleverser, etc., etc. Exemples :

On n'entrepose guère les pierres, la houille, qui sont d'un transport coûteux, d'un magasinage encombrant, d'une conservation facile.

Pour les mêmes motifs, la production n'entrepose guère les céréales, les farines ; au contraire, le spéculateur, les magasinera, à cause des avantages spéciaux que l'entrepôt lui procure : délivrance de récépissés-warrants que le producteur n'utiliserait pas, mais que lui emploiera peut-être, visa des filières, échantillonnage, réception au marché de Paris, etc. (Les règlements des syndicats n'y tiennent pour régulières que les livraisons portant sur marchandises déposées dans les entrepôts et magasins généraux de Paris, etc).

1. En ce sens, Lyon-Caen et Renault, *eod. lib.* p. 252.

Peu de magasins acceptent les bijoux et les dépôts précieux, dont la garde est périlleuse ; encore moins les lingots et diamants bruts ; leur marché se tient à Amsterdam, et à Londres (1).

Le magasinage des meubles meublant rendrait leur placement fort problématique. De plus, le grand fabricant a d'ordinaire un fonds de roulement qui le dispense de les warranter, et le petit façonnier ne tirerait pas de leur warrantage une somme suffisante pour continuer sa fabrication.

Le producteur confiera plutôt ses vins à un consignataire qu'à un entrepôt ; ce dernier les recevrait sans garantie, et ne se chargerait pas de toutes les manutentions délicates qu'ils exigent souvent (2). Le marché des vins à Paris est encore à réglementer.

La loi ne défend point le magasinage des meubles usagés ; elle exige seulement, par application des principes généraux, qu'ils constituent une marchandise et intéressent le commerce ou l'industrie du déposant. C'est leur valeur minime qui les éloigne en fait du magasin.

1. La Banque de France prend en garde les diamants et bijoux à Paris, Bordeaux, Lyon et Marseille. Sur ce genre d'opérations consulter la brochure, *La Banque de France, ses opérations à Paris et dans ses succursales*, 1806 (Paul Dupont éditeur). On y a réuni les renseignements qui peuvent intéresser le commerce.

2. Les petits magasiniers reprochent aux commissionnaires de sophistiquer la marchandise. En revanche, les commissionnaires reprochent aux petits magasiniers de s'approprier les déchets acceptés par la régie. On est parfois édifié à entendre le carillon de la concurrence.

On pourrait multiplier sans peine ces renseignements (1).

§ 4. — Magasinage et magasinier.

A. — QUALIFICATION LÉGALE DU MAGASINAGE ET DU MAGASINIER.

La gestion du magasin général constitue-t-elle un acte
de commerce ? S'il faut répondre affirmativement :

1° Les constatations relatives à cette gestion devront
être portées devant le tribunal de commerce ;

2° La profession de commerçant résultant de l'exercice
habituel des actes de commerce, le magasinier sera donc
commerçant, et comme tel, pourra être mis en faillite ;

3° Les faux relatifs à la gestion seront qualifiables faux
en écritures de commerce et passibles des travaux forcés
à temps.

Aucun texte ne reconnaît expressément la commercialité de cette gestion, mais la jurisprudence la proclame
unanimement, en se fondant sur plusieurs motifs (2) ;

1° Le magasinier est tenu à la comptabilité commerciale et les termes de l'article 19 du décret de 1859 permettent de croire que le législateur l'a prescrite comme
conséquence de la commercialité de la profession (3).

1. Les magasins de Lyon, spéciaux pour les soies, sont assez
connus pour que nous évitions d'en parler ici.

2. Voyez après d'autres décisions le récent jugement du tribunal de commerce de la Seine. *Annales de Droit commercial*, année
1897, février.

3. Décret du 12 mars 1859, art. 19 : « Outre les livres ordinaires
« du commerce et le livre des récépissés-warrants, l'administra-
« tion du magasin général doit tenir un livre à souche destiné à
« constater les consignations qui peuvent lui être faites en vertu

2° On ajoute parfois qu'au magasin général est annexée une salle de ventes publiques, ou bien que le magasin général prête sur nantissement des marchandises à lui déposées, que ce sont là des opérations expressément réputées commerciales et qu'il faut en inférer la commercialité du dock (1).

Ce raisonnement n'est guère satisfaisant, car :

a. Le magasin général qui gère une salle de ventes n'est pas légalement dans la même situation que celui qui n'en gère pas. Il doit solliciter une autorisation spéciale, et cette autorisation lui est accordée par décret, c'est-à-dire dans des formes spéciales aussi. A ce point de vue il n'y a pas égalité entre tous les magasins généraux.

b. Peut-on se fonder sur ce fait que parmi toutes les opérations du dock quelques-unes sont commerciales, pour en induire la commercialité de l'entreprise toute entière ; alors surtout que les opérations susdésignées ne sont obligatoires ni pour tous les déposants, ni pour tous les magasiniers, ni même fréquentes ; que certaines, au contraire, sont délaissées par beaucoup d'établissements.

Quoi qu'il en soit des subtilités de la théorie, les décisions de la jurisprudence ont d'excellents résultats et les événements prouvent que dans l'espèce, les sévérités particulières de la loi commerciale n'étaient pas inutiles. Au surplus, le silence du législateur peut prêter à controver-

« des articles 6 et 8 de la loi. — Tous ces livres sont cotés et pa-
« rafés par première et dernière, conformément à l'article 11 du
« Code de Commerce. »
Voyez Lyon-Caen et Renault, *Traité de Droit commercial*, tome III, p. 252.
1. Voyez Lyon-Caen et Renault, *cod. loc.*

se, mais, considérées à un point de vue intrinsèque il n'est pas niable que toutes les opérations du magasinage, ordinaires et extraordinaires, entrepôt, prêts, commissions forment un tout homogène, une « affaire » de nature commerciale.

B. DES CONDITIONS LÉGALES DU MAGASINAGE ET DES OBLIGATIONS DU MAGASINIER.

En principe, le magasinage dans les docks est régi par le droit commun. Toutefois, les textes spéciaux (loi du 28 mai 1858, décret du 19 mars 1859, loi du 31 août 1870) en reconnaissant à leur exploitant des obligations et des droits particuliers, y apportent autant de dérogations.

I. *Dépôt de la marchandise.* — Le magasin général jouit d'une sorte de monopole. Afin d'éviter les abus, qui ne manqueraient pas de se produire, le décret du 19 mars 1859 lui impose un caractère public (art. 6). « Les ex-« ploitants des magasins généraux, sont tenus de les « mettre, sans préférence ni faveur, à la disposition de « toute personne qui veut opérer le magasinage de ses « marchandises dans les termes de la loi du 28 mai « 1858 ». (1) Le magasinier ne saurait donc refuser la

1. Le règlement des Entrepôts et Magasins généraux de Paris complète ainsi le décret de 1859 :

« L'administration des magasins reçoit sans préférence ni « faveur, tant que l'emplacement le permet, toutes les marchandi-« ses admissibles en entrepôt dans les termes de la loi du 28 mai « 1858 et du décret du 12 mars 1859, pourvu toutefois que ces « marchandises ne soient pas dangereuses ou d'un voisinage nui-« sible par leur nature ou par leur odeur ».

Art. 7. « Les ordres d'entrée et de sortie sont exécutés à tour de « rôle sans aucune préférence et dans la limite des moyens dont

marchandise en se fondant sur la personnalité du déposant, sa profession, son commerce ou la nature de ses
opérations. La jurisprudence ne l'oblige même point à re-
chercher s'il est le véritable propriétaire de la chose qu'il
remet sous son nom ou le mandataire de celui-ci ; car, la
bonne foi doit être présumée (1). Par contre, on ne saurait exiger qu'il acceptât toutes les marchandises sans
distinction de nature ni de quantité. A cet égard, il est lié
par ses règlements et tarifs et doit recevoir, sans préférence ni faveur, les marchandises déclarées admissibles
et aux conditions prévues. Cette obligation ne cesse d'exister qu'en cas de force majeure, c'est-à-dire lorsqu'il manque de locaux suffisants pour y satisfaire (2).

« dispose chaque entrepôt. Il en est de même des manutentions
« extraordinaires. »

Le règlement des docks de Marseille (27 juillet 1894) art. 19, est
ainsi conçu : « Les ordres ou commandes sont exécutés à tour de
« rôle dans les délais ci-après indiqués, sauf impossibilité résul-
« tant de force majeure. — Les travaux autres que ceux de débar-
« quement et d'embarquement commandés le matin avant onze
« heures commencent au plus tard dans l'après midi du même
« jour. Ceux commandés le soir, une heure avant la cessation du
« travail commencent au plus tard dans la matinée du lende-
« main. — Les opérations se font sans attendre la présence des
« intéressés. »

1. Voy. Trib. de com. du Havre, 26 mai 1891 et 17 nov. 1891.
Rouen, 19 mars 1892, etc., etc. Voyez aussi Tribunal de commerce
de Marseille : 9 janvier 1884. Toutefois faut-il que le déposant ait
agi comme propriétaire apparent de la marchandise ou comme
mandataire de celui-ci.

2. Il y a quelques années l'article 11 du cahier des charges de la
compagnie des Docks de Marseille était ainsi conçu : « Cet entrepôt
« sera destiné aux marchandises non sujettes au régime de l'en-
« trepôt réel ou de l'entrepôt fictif, quelle que soit leur nature, qu'il
« conviendra au commerce d'y déposer ou au concessionnaire d'y

Le déposant ne peut réclamer que la marchandise soit entreposée d'après un mode inusité dans l'établissement et non prévu par le règlement. Si le magasin a déclaré ne se charger que des dépôts restituables *in genere*, il ne saurait donc exiger que la chose soit réservée pour être restituée *in specie*.

Entrepôt in genere. — Le magasinage *in genere*, expérimenté en Ecosse est aujourd'hui largement pratiqué dans tous les pays de langue anglaise, pour l'entrepôt des céréales. Les docks français, sans en faire un usage aussi étendu, l'appliquent aux huiles ; on y réunit dans de vastes cuves tous les liquides de même nature et qualité, sans distinction de propriétaire, et il paraît que la denrée s'en conserve mieux.

L'apparition de cette pratique étant postérieure aux dernières lois sur la matière, le législateur ne l'a point réglementée, et le plus souvent c'est par l'application du droit commun qu'il faut résoudre les espèces compliquées auxquelles elle donne naissance.

« recevoir. » Les docks se basèrent sur cette disposition pour refuser des marchandises présentées par X. La cour d'Aix les condamna : « Attendu que la compagnie des docks ne saurait puiser
« dans une telle clause la faculté exorbitante de recevoir arbitraire-
« ment les marchandises portées sur ses tarifs ; qu'au contraire
« elle est tenue par les dispositions des articles 1, 2, 5, 29, 31 et
« 32 de son cahier des charges d'assurer au commerce tous les
« avantages résultant de la législation spéciale aux magasins gé-
« néraux et de maintenir une juste égalité dans ses rapports avec
« tous les déposants, que le rapprochement et la combinaison de
« ces divers articles démontrent que la clause de l'article 11 ne
« laisse à la compagnie d'autre latitude que de refuser les mar-
« chandises pour lesquelles l'entrepôt n'aurait point d'aménage-
« ments intérieurs ou d'espace suffisant ou qui n'existeraient pas
« dans la classification de ses tarifs... »
La Cour de cassation confirma cet arrêt.

Tout d'abord on a mis en doute la légalité du procédé ; nous n'hésitons pas à le tenir pour irrégulier. La loi du 28 mai 1858, art. 1er ordonne qu'il soit délivré aux déposants un récépissé énonçant leurs nom, profession, domicile, ainsi que la nature de la marchandise déposée et *les indications propres à en établir l'identité* et à en déterminer la valeur. C'est donc une condition mise par le législateur au dépôt dans les docks, que l'*identité* de la marchandise soit respectée ; condition justifiable d'ailleurs par la faculté qu'elle donne au déposant de toujours s'assurer que ses stocks sont bien à l'entrepôt. Or, comment fournir les indications propres à établir l'identité d'un liquide qui a subi un mélange ?

Cette observation n'a point arrêté les magasiniers, et les pouvoirs publics n'ont point cru devoir les rappeler au respect des lois. Bientôt on en a vu les dangers. Abusant de la sécurité que leur procurait un mode de conservation exclusif de toute surveillance, ils ont détourné une partie des marchandises à eux confiées ; la faillite a suivi le délit, et comme toute spécialisation permettant au propriétaire de revendiquer son bien avait disparu, les déposants, dont les livres attestaient les prétentions, furent réduits, pour se partager les existences du dock, à exercer une revendication *pro indiviso*, en supportant dans la perte totale une part proportionnée à l'importance de leur dépôt. Il en reste prouvé qu'il faut se prononcer sur la légalité de l'entrepôt *in genere*, et, si on l'autorise, qu'on doit au moins le réglementer strictement (1).

1. Voy. Arnoul. De la liberté possible des Magasins généraux, *An. de Droit commercial*, 1800, p. 121.

Il est évident que le décret du 19 mars 1859, art. 6, ne vise que l'entrepôt et les manutentions de conservation. Lorsque le magasin se charge de manutentions extraordinaires, il peut y procéder comme il lui plaît.

L'application des règles sur la publicité des docks est garantie par des mesures préventives et par des peines.

Les mesures préventives consistent dans la publication des tarifs et règlement. Ces documents doivent être communiqués en même temps que la demande d'autorisation à l'autorité préfectorale et aux corps consultés. Les augmentations de tarifs ne peuvent être appliquées que trois mois après qu'avis en a été donné à l'administration. De plus, les tarifs et le réglement sont affichés à la porte et à l'endroit le plus apparent de l'établissement.

Les peines consistent :

1° Dans une condamnation à des dommages et intérêts au profit du déposant, victime de l'infraction. Exemple : si certains négociants n'ont pas bénéficié de réductions faites à d'autres sur les tarifs généraux, ils pourront réclamer des dommages et intérêts dont le montant sera égal à la différence des taxes (1) ;

2° Dans le retrait de l'autorisation en cas d'infraction grave (2).

1. Trib. Comm. Seine, 1er oct. 1890.
2. Ces règles, ainsi que nous l'avons dit plus haut, doivent être complétées par celles du droit commun, interprété avec d'autant plus de rigueur que le magasinier est un dépositaire salarié. — Il répond donc des pertes ou détériorations arrivées par sa faute et pour être déchargé du cas fortuit qu'il allègue, ou pour arguer du vice propre de la chose, il doit en faire la preuve. — Toutefois, si le déposant ne présente sa réclamation et ne demande des dom-

II. *Délivrance de récépissés-warrants.* — L'exploitant doit délivrer à tout déposant qui en fait la demande un ou plusieurs récépissés-warrants. Il doit aussi, à toute réquisition du porteur du récépissé et du warrant réunis, fractionner la marchandise en autant de lots qu'il conviendra à ce dernier et, remplacer le titre primitif par autant de récépissés-warrants qu'il y a de lots. (3) (Loi du 28 mai 1858, art. 4 et décret du 15 mars 1859, art. 15). La délivrance du récépissé-warrant, n'est pas plus que la réception de la marchandise subordonnée à la preuve que le déposant en est le véritable propriétaire, ou le mandataire d'icelui.

L'exploitant est responsable de l'irrégularité des récépissés-warrants qu'il délivre et des inexactitudes qu'ils contiennent, toutes les fois qu'elles eussent pu et dû être

mages et intérêt qu'après le retrait de la marchandise, c'est à lui de faire la preuve que ces faits sont imputables au dépositaire, car tout moyen de contrôle et d'examen est devenu impossible. — Trib. co. Seine 1er oct. 1800.

C'est également le droit commun qui régit la saisie-arrêt ou la saisie-exécution pratiquée sur les marchandises en magasin général.

Remarques :

1º *Saisie-arrêt.* — Le saisissant aura souvent intérêt à ne pas désigner trop exactement les lots saisis, par exemple à ne point en citer les numéros, ni l'importance, car il se pourrait que l'établissement entreposât pour le même débiteur d'autres marchandises qui échapperaient sans cette précaution à la mesure. L'espèce s'est déjà présentée.

2º *Saisie-exécution.* — Le saisissant ne saurait exercer ses droits sur le prix, qu'après paiement des taxes fiscales, des frais de magasinage et du warrant.

3. On verra au chapitre suivant le détail de toutes ces opérations.

vérifiées par lui, c'est-à-dire lorsqu'elles portent sur les poids, quantité, nature de la chose, mais non lorsqu'elles portent sur des qualités intrinsèques ou sur le contenu des caisses. Exemple : Un négociant déclare que la marchandise par lui déposée pèse un certain poids. Sans contrôler cette déclaration, le magasin lui délivre un récépissé portant le poids indiqué avec cette mention : *poids déclaré*. L'endossataire sera bien venu à réclamer du magasin un poids égal à celui porté sur le titre, moins le déchet d'usage, alors même qu'il serait prouvé que le poids n'a point été contrôlé à l'entrée, car il rentre dans les obligations du magasinier de contrôler le poids et d'en faire mention exacte (1).

Après délivrance du récépissé-warrant, le magasin détient la chose pour le compte du porteur du récépissé, mais il ne doit la laisser vendre ou retirer par lui qu'après consignation d'une somme égale au montant du warrant, sous peine d'être responsable de l'insuffisance du prix de vente ou de la totalité de la créance, vis-à-vis du créancier warrantaire.

Le magasin général vise aussi les filières créés par le déposant propriétaire ou son mandataire ; il indique parfois sur ces titres que les marchandises sont warrantées, en apposant la mention « à charge de payer le porteur du warrant. » Mais cette formalité n'est pas obligatoire.

Après la vente, le magasinier retient sur le prix les

1. La Compagnie des Entrepôts et Magasins généraux de Paris déclare dans son règlement, art. 20 : «...... Avant de délivrer « des warrants, la compagnie, si elle le juge convenable, vérifie « le contenu des colis, jauge et pèse les marchandises aux frais « des déposants. »

sommes dues par privilège à la douane, à la régie, aux octrois, les frais de la vente, de magasinage et le montant du warrant; il serait personnellement responsable en cas d'omission.

Il doit enfin accepter en consignation le reliquat du prix, si le porteur du récépissé ne se présente point.

III. *Assurance de la marchandise.* — La loi n'oblige point les magasiniers à faire assurer la marchandise contre l'incendie, mais c'est une précaution qu'ils prennent sans ordre, au moins en France, heureux de pouvoir éliminer ainsi les plus graves des risques auxquels leur industrie les expose (1).

Les docks anglais n'assurent pas les marchandises, mais prennent des précautions très minutieuses contre l'incendie.

IV. *Comptabilité des docks.* — Outre les livres imposés à tous les commerçants, les magasiniers doivent tenir :

1° Un livre à souche d'où sont extraits les récépissés-warrants ;

2° Un livre à souche mentionnant les consignations faites par le porteur du récépissé en retirant sa marchandise.

Ces livres sont cotés et parafés par première et dernière, conformément à l'article 11 du Code de commerce

1. Règlement des Entrepôts et Magasins généraux de Paris ;
Art. 35 : « Toutes les marchandises reçues dans les divers entrepôts de la Compagnie seront soumises à l'assurance contre l'incendie par le fait même de leur entrée en magasin. »
Art. 36 : « L'assurance est faite par les soins de la Compagnie au moyen de polices permanentes. »

(Décret 12 mars 1859, art. 9). Leur absence ou leur mauvaise rédaction pourrait entraîner contre le magasinier l'application des peines de la banqueroute.

La comptabilité obligatoire pour les docks est communicable aux préposés de l'enregistrement, suivant les règles établies par la loi du 22 frimaire de l'an VII, art. 54 : « Les « dépositaires des registres de l'Etat civil, ceux des rôles « des contributions indirectes, et tous autres chargés des « archives, et *dépôts des titres publics*, seront tenus de les « communiquer sans déplacer, aux préposés de l'enre- « gistrement, à toute réquisition, et de leur laisser pren- « dre sans frais les renseignements, extraits et copies qui « leur seront nécessaires pour les intérêts de l'Etat, à « peine de cinquante francs d'amende, pour refus cons- « taté dans le procès-verbal du préposé, qui se fera accom- « pagner, ainsi qu'il est prescrit par l'article 52 ci-des- « sus, chez les détenteurs et dépositaires qui auront fait « refus.

.... « Les communications ci-dessus ne pourront être « exigées les jours de repos, et les séances dans chaque « autre jour ne pourront durer plus de quatre heures, de « la part des préposés, dans les dépôts où ils feront leurs « recherches. »

Article 52 : « Indépendamment de la représentation or- « donnée par l'article précédent, les notaires, huissiers, « greffiers et secrétaires seront tenus de communiquer « leurs répertoires à toutes réquisitions aux préposés de « l'enregistrement qui se présenteront chez eux pour les « vérifier, à peine d'une amende de 50 francs en cas de « refus. Le préposé, dans ce cas, requéra l'assistance

« d'un officier municipal, ou de l'agent, ou de l'adjoint
« de la commune, pour dresser, en sa présence, procès-
« verbal du refus qui lui aura été fait. »

Cette dernière disposition peut avoir, dans l'espèce, des
conséquences bizarres. Un conseil municipal, usant de la
faculté qui lui est accordée par les lois, ouvre un magasin
général et le fait gérer par un employé municipal. Si le
directeur de cet établissement refuse au préposé de l'enregistrement la communication de l'article 54, ce dernier, pour faire constater son refus, devra s'adresser, en
vertu de l'article 52, à un autre employé municipal. La
municipalité sera donc en même temps délinquant et témoin unique.

Les docks augmentent leur comptabilité obligatoire de
tous les livres en usage dans le commerce ; ils y ajoutent
encore des livres spéciaux, qui rendent à l'exploitant et
aux négociants de réels services : notamment un livre
des entrées et des sorties. A cet égard, chaque pays, chaque établissement a ses habitudes particulières. — La
comptabilité du *Ste-Catherine's dock*, est souvent donnée
pour modèle.

V. *Prescription.* — En l'absence de dispositions spéciales, on admet que l'action en responsabilité contre le magasinier se prescrit par trente ans.

VI. *Opérations connexes au magasinage.* — Le magasinage, la délivrance de récépissés-warrants constituent
les opérations essentielles du dock, mais non les seules.
Dans les pays où l'institution, dégagée des timidités et

des témérités plus fâcheuses encore, a pu se développer normalement, le magasin général est devenu tout à la fois un atelier, une bourse et une banque. En France, il fallait que le législateur le permit. L'ensemble des textes sur la matière reconnaît au magasinier le droit de se livrer à certaines opérations connexes au magasinage sans avoir à solliciter d'autorisation. Toutes les autres peuvent être accomplies à la condition d'être autorisées par le préfet, sauf l'ouverture d'une salle de ventes publiques de marchandises en gros, qui doit être autorisée par décret.

Les opérations libres sont de deux sortes :

a. Les unes tendent à faciliter et simplifier les mouvements de marchandises, et sont inscrites dans le décret du 12 mars 1859, art. 4 : « ..... Ils peuvent se charger « des opérations et des formalités de douane et d'oc- « troi, déclarations de débarquement et d'embarque- « ment, soumissions et déclarations d'entrée et sortie « d'entrepôt, transferts et mutations. — Des règle- « ments de frêt et autres, entre les capitaines et les con- « signataires, sous réserve des droits des courtiers et de « leur intervention dans la mesure prescrite par les lois ; « — Des opérations de factage, camionnage, gabarrage « extérieur. — Ils peuvent également se charger de faire « assurer les marchandises dont ils sont détenteurs au « moyen, soit de polices collectives, soit de polices spé- « ciales, suivant les ordres des intéressés. »

Parmi ces opérations, il y en a (formalités de douane et d'octroi), qui ont donné lieu, dans les pays étrangers, à de longues et minutieuses réglementations. Chez nous, le législateur se borne à les citer, et le magasin général qui en est chargé reste, vis-à-vis du déposant comme vis-à-vis de l'administration, le mandataire spécial des intéressés. D'où une surveillance stricte, gênante pour les magasins et le déposant, coûteuse pour le Trésor. Le législateur comptait, paraît-il, sur la pratique, pour lui suggérer le système à adopter ; M. Rouher, dans une circulaire aux préfets de 1866, annonçait même une réglementation nouvelle ; cette promesse n'a pas été tenue. Pour être utile, toute réorganisation devra conserver, étendre si possible, ces attributions du magasin général, qui rendent au commerce de grands services, et ne présentent aucun danger.

b. On ne saurait reconnaître à la loi du 31 août 1870, les mêmes avantages. Dès le début, le législateur avait senti que le succès de l'institution dépendait avant tout de la régularité de son fonctionnement, de l'intégrité avec laquelle le magasinier conserverait ses dépôts et de la confiance que lui témoignerait le public. Dans cet esprit, le décret du 12 mars 1859, art. 4, al. 1, défendait aux exploitants de se livrer « directement ou indirectement, « pour leur compte ou pour le compte d'autrui à aucun « commerce ou spéculation ayant pour objet les marchan- « dises », et ce texte, par l'abstraction de ses termes, visait tous les procédés au moyen desquels le magasinier pouvait s'efforcer de tourner sa prohibition. Malheureusement, la loi du 31 août 1870 apporte à cette règle si sage une grave dérogation. En autorisant le dock à prêter sur nantissement des marchandises qui lui sont déposées ou à négocier les warrants qu'il délivre, elle ouvre la porte à cette spéculation que redoutait le décret de 1859 et diminue sans utilité la sécurité des déposants (1). Les Chambres de commerce, consultées sur l'opportunité de l'innovation, n'avaient pas vu sans crainte attaquer une des principales garanties du commerce ; elles ont eu l'occasion de se prononcer pour sa suppression ; il faut espérer qu'on les entendra.

APPENDICE AU CHAPITRE II

LE PERSONNEL DES DOCKS (2)

Les docks occupent deux catégories d'employés.

Les uns, appointés à l'année, au mois, à la quinzaine, dirigent l'exploitation, tiennent la comptabilité, exécutent les manutentions difficiles, etc...

Les autres sont des débardeurs, des portefaix, des manœuvres, que l'intermittence du travail ne permet pas d'engager pour de longues périodes. Ils sont loués à l'heure, mais employés au moins une journée consécutivement et payés chaque soir. Cette dernière classe est trop nombreuse ; sauf aux époques d'activité extraordinaire, la besogne qu'elle se partage suffit à peine en à nourrir une moitié ; lorsque l'année est mauvaise, c'est la misère pour tous (3).

Chaque navire est chargé ou déchargé par une équipe dont les

1. Le magasinier prêtant sur nantissement des marchandises à lui déposées joue le rôle de commissionnaire, et comme tel, bénéficie du privilège que le Code de commerce, art. 95, accorde à ces commerçants. Voy. en ce sens : Cour de Rouen, 1er avril 1802.

2. Nous avons cru devoir rejeter à la fin de ce chapitre cette poignée de renseignements qui n'a guère d'intérêt juridique.

3. Beaucoup de navires arrivant de l'Inde pendant l'hiver dernier n'ont pu être admis dans les docks de Marseille ; il en est résulté une crise de chômage des plus pénibles.

hommes sont payés selon la nature de la marchandise (sucres, farines, planches, charbon, blé, etc.) et le poste qu'ils occupent (à terre, sur le pont, à fond de cale). Le salaire moyen pour les ports français est d'environ 0,60 centimes par heure diurne et 0,70 centimes par heure nocturne.

Les grèves sont fréquentes en France ; elles le sont plus encore en Angleterre et y prennent un caractère d'acuité particulièrement dangereux. Il y a environ six ans, les débardeurs des dockers londonniens, se plaignaient, qu'au mépris des besoins de l'individu, le travail fut réparti entre tous les hommes présents au moment de l'embauchage, et qu'au bout d'une heure, chacun ayant gagné six pence, tout le personnel fut remis au lendemain. La grève qui en résulta marqua une date ; depuis, une sourde agitation ne cessa de régner dans la masse des travailleurs ; les socialistes Tom Mann et Mac Pherson, dirigent leurs revendications (1).

Le commerce anglais, surtout à Liverpool, lutte contre cette situation. La compagnie péninsulaire embarque des coolies qui font le quart, chargent et déchargent les navires en se contentant d'un salaire modique (vingt à vingt-cinq francs par mois et par homme, plus le riz). Un grand établissement a même tenté d'amener des Chinois à Liverpool, mais sans succès. L'emploi des machines électriques pour la manipulation des grains réduit aussi dans une proportion de quinze pour cent le travail des ouvriers. Toutes ces causes, jointes à la sécheresse qui sévissait en Egypte, et au choléra des Indes, plongea les docks dans une crise formidable de 1892 à 1895.

En Russie, le travail des docks est assuré par des artels, sortes d'associations ouvrières organisées d'après les mêmes principes que les communautés rurales. A St-Pétersbourg, à Moscou, ils chargent, déchargent, conservent la marchandise et exécutent certaines commissions commerciales. A Odessa, ils veillent particulièrement à la conservation des grains engagés dans les établissements de crédit (2).

Les « Nations » d'Anvers rendent des services analogues.

1. Voyez le rapport de Tom Mann et du secrétaire du syndicat des ouvriers des docks sur la grève de Hambourg (1896). M. Tom Mann est l'auteur de plusieurs articles sur la question. Presque tous ont paru dans les journaux anglais. Quelques-uns ont été traduits en français.

2. Voyez G. Alfanassiew : *Des Artels russes, Réforme Sociale*, an. 1890, T. II, (intéressant).

Ces exemples prouvent qu'en France la situation peut être amé-
liorée. La pitié réclame une première mesure. Malgré les accidents
qui se produisent chaque jour dans nos ports, les services de secours sont déplorablement installés ; on doit y porter remède.
Toutefois, ce n'est là qu'un détail. Des réformes générales sont ur-
gentes. Le débardeur qui se chauffe au soleil de nos quais, supplée
facilement son voisin, mais si le nombre se refusait au travail, il
tiendrait en échec notre commerce national. Il faut, avec le concours des municipalités, grouper ces éléments divers, les discipli-
ner, faire du portefaix un vrai travailleur, créer, développer des
associations ouvrières, qui assureront et régulariseront le mouvement des ports, base de la spéculation. Cette œuvre sera tout à la
fois utile et moralisatrice (1).

1. Voyez Claudio-Jannet, *Le capital, la spéculation et la finance
au XIX° siècle*, p. 229 Quelques détails. — Les syndicats ouvriers
pourraient peut-être servir de cadre à cette réforme s'ils ne restaient pas exclusivement des organes de lutte. On s'évertue actuellement à syndiquer les ouvriers des docks, mais sans grand
succès, car : 1° il ne se ressemblent guère que par un caractère négatif ; ce sont des sans-travail ; 2° le nombre n'est pas en rapport
avec la quantité de travail, or, tout syndiqué doit une cotisation ;
les chômeurs ne pourraient la payer.
MM. Tom Mann et Mac Pherson avaient, au mois de juin dernier,
passé la Manche pour aider à cette organisation ; le ministre de
l'intérieur la leur a fait repasser.
— Sur le travail dans les docks de Marseille, on consultera une
brochure de polémique écrite par le docteur Léon Laugier en 1891 :
La vérité sur la question des docks.

CHAPITRE III

DES TITRES ÉMIS PAR LE MAGASIN GÉNÉRAL. — RÉCÉPISSÉ-WARRANT.

SOMMAIRE

§ 1. — I. Titres relatifs à toutes opérations de magasinage. Bulletins d'entrée et de sortie.

II. Récépissé-warrant. Définition. Modèle. Fonctionnement. Le warrant et la filière.

§ 2. — *Délivrance du récépissé-warrant.* — Formes du titre. Textes qui la déterminent. Registre à souche. Annotation du récépissé. Fonctionnement et renouvellement du récépissé-warrant. Perte du récépissé-warrant. Duplicata. Le récépissé et le warrant sont-ils des effets de commerce ? Controverse.

§ 3. — *Endossement du récépissé et du warrant réunis.* — Hypothèses. Formes. Effets.

§ 4. *Endossement du récépissé seul.* — Hypothèses. Formes. Transcription. Effets. Le warrant a-t-il été endossé ? Consignation. Ses effets. Consignation partielle.

§ 5. — *Endossement du warrant détaché.* — Hypothèses. Formes. Transcription. Effets. Paiement amiable. Paiement forcé. — A. Exercice des droits du créancier sur la marchandise warrantée. — Protêt. Vente. Privilège du porteur du warrant ; son rang. De l'exercice du privilège du créancier warrantaire sur l'indemnité d'assurance.

B. Droit de recours du créancier warrantaire contre les endosseurs du warrant. De la validité de la clause : Retour sans frais. Controverse.

§ 6. — *Droits perçus par l'administration de l'enregistrement à l'occasion du récépissé-warrant.* — 1° Timbre. 2° Enregistrement. 3° Impôt sur le revenu des valeurs mobilières, lorsque le premier endosseur du warrant est une société. Controverse.

§ 7. — *Prescription.*

§ 1er. — **Bulletin d'entrée. — Récépissé-warrant. — Leur définition et leur rôle économique.**

Les titres émis par les magasins généraux sont de deux sortes :

1° Les uns (bulletin d'entrée, bulletin de sortie) sont délivrés pour toutes opérations de magasinage, sans que d'ailleurs la loi les ait exigés ni même mentionnés ;

2° Les autres (récépissés-warrants), ne sont remis que sur demande du déposant. Ils ont pour but de simplifier l'exercice de ses droits de disposition et d'impignoration.

I. *Titres relatifs à toutes opérations de magasinage.*

Lorsque la marchandise arrrive au magasin général, elle est toujours accompagnée d'une lettre de voiture, d'un connaissement, d'une pièce quelconque, indiquant tout au moins sa nature, le nombre des colis, leurs poids, contenance, et le nom du déposant. Contre la remise du dépôt, le magasin délivre un titre dont le nom varie suivant les places et les établissements : bulletin d'entrée, de magasin, de magasinage, de réception, de dépôt, récépissé de dépôt, etc.

Il porte le plus souvent :

1° Le nom du déposant et du navire importateur ;

2° Le numéro et la date de l'entrée de la marchandise ;

3° Les marques, le nombre et l'espèce des colis et la nature des marchandises ;

4° Le poids brut total reconnu ou annoncé ;

5° Le lieu d'emplacement de la marchandise.

Cette pièce, timbrée à 0,10 c., a la valeur d'un reçu. Si le déposant n'a recours au magasin général que pour y faire soigner ses stocks, c'est le seul titre qu'il en réclamera, et par lui, il fera la preuve de son dépôt. La Compagnie des Entrepôts et Magasins généraux de Paris déclare, dans l'art. 12 de son règlement, que ce bulletin est une simple pièce d'ordre et ne forme pas titre de propriété (1). Cela est d'autant plus certain que le magasinier n'a pas qualité pour délivrer un titre de propriété (2) ; par cette indication, on a sans doute voulu prémunir la clientèle contre une méprise possible. Le déposant, en effet, ne saurait user de ce bulletin de réception comme d'un récépissé et transmettre par son endossement ses

1. Règlement de la Compagnie des Entrepôts et Magasins généraux de Paris ; art. 12. « Il est remis au voiturier un bulletin « constatant le nombre de colis entreposés. — Après la reconnais-« sance, il est délivré au propriétaire (*c'est-à-dire au déposant*) un « bulletin de magasin. — Ces bulletins sont de simples pièces « d'ordre et ne forment pas *titres de propriété.*

Art. 13 : « Le bulletin de magasin porte les indications sui-« vantes :

« Le nom du propriétaire ;

« Le numéro et la date de l'entrée ;

« La nature déclarée de la marchandise, le nombre, l'espèce, et, « s'il y a lieu, la marque des colis ;

« La contenance ou le poids brut reconnu ou annoncé ;

« Le poids net pour les grains mis en couches, et les marchan-« dises versées en cuves, les alcools et vins exceptés ;

« La date de départ du magasinage, si, pour une cause quelcon-« que celle-ci est antérieure à la date du bulletin ;

« La valeur à assurer (au cours du jour pour les marchandises « cotées, ou celle déclarée par le déposant). »

(2) Voyez ch. II, § 4. II. Délivrance des récépissés-warrants.

droits sur la marchandise. S'il lui plaît de la vendre sans la retirer d'entrepôt, et qu'il ne veuille pas se faire délivrer de récépissé-warrant, il devra demander un transfert sur les registres du magasinier (1).

A la sortie, le magasin général fait ordinairement accompagner la marchandise d'un bulletin de sortie, rappelant le numéro d'entrée, le nombre et l'espèce des colis, leurs numéros et marques, la nature de la marchandise, son poids brut ou net, ou la contenance, suivant les cas. Cette pièce, timbrée à 0,10 c. comme le bulletin d'entrée, permet au déposant de vérifier facilement son compte.

II. *Récépissé-warrant.*

On appelle récépissé-warrant un titre extrait d'un registre à souches, composé de deux parties séparables à

1. Règlement de la Compagnie des Entrepôts et Magasins généraux de Paris :

Transferts.

Art. 21 : « Le transfert a lieu sur un ordre écrit du cédant, ac-
« cepté également par écrit par le cessionnaire. Les endossements
« de récépissés, quand la transcription en est faite sur les regis-
« tres de la Compagnie, sont considérés comme transferts.

« Dans ce dernier cas, la marchandise peut être transférée d'of-
« fice sur les registres de l'Entrepôt où elle est magasinée, au
« nom du bénéficiaire de l'endos qui en a demandé la transcription.
« Tous les frais dus à la Compagnie sont à la chage de celui-ci... »

Art. 25 : « Les frais de transfert sont à la charge du cession-
« naire ; les frais de sortie, à la charge du titulaire au moment de
« l'enlèvement, si le cessionnaire n'en a a pas fait effectuer le paie-
« ment par son cédant au jour du transfert.

« . . . . »

Il est conforme au droit commun de mettre les frais du transfert à la charge du cessionnaire, puisque c'est l'acheteur qui doit supporter les frais de la vente (C. civ., art. 1593).

volonté et transmissibles toutes deux par voie d'endossement (1).

1. Nous extrayons du *Traité théorique et pratique de comptabilité commerciale*, par M. J. Andoyer, cette formule de récépissé et de warrant.

MAGASINS GÉNÉRAUX DE.....
RÉCÉPISSÉ A ORDRE.

Série D.   N° 215.

Il a été déposé par M. Lombard, marchand de métaux à Paris, faubourg St-Martin, 114, les marchandises ci-après désignées :

ENTREPOT ET NUMÉROS D'ENTRÉE EN MAGASIN	NOMBRE, ESPÈCE ET MARQUE DES COLIS	NATURE ET POIDS BRUT DES MARCHANDISES
Entrepôt de la Chapelle.	12 tonnes. Cuivre chili en barre 2° marque CRL.	Ensemble : 11,940 kilog. cuivre.
	Paris, le 26 novembre 1894.	
Le chef de bureau, HUMBERT.		*Le Directeur,* DELAMARRE.

(Endossements au verso).

MAGASINS GÉNÉRAUX DE.....
WARRANT A ORDRE.

Série D.   N° 215

Il a été déposé par Monsieur Lombard, marchand de métaux à Paris, faubourg St-Martin, 114, les marchandises ci-après désignées :

ENTREPOT ET NUMÉROS D'ENTRÉE EN MAGASIN	NOMBRE, ESPÈCE ET MARQUE DES COLIS	NATURE ET POIDS BRUT DES MARCHANDISES
Entrepôt de la Chapelle.	12 tonnes. Cuivre chili en barre 2° marque CRL.	Ensemble : 11.940 kilog. cuivre.
	Paris, le 26 novembre 1894.	
Le chef de bureau, HUMBERT.		*Le Directeur,* DELAMARRE.

(Endossements au verso).

— On trouvera des fac-similés de récépissés-warrants dans le *Vade-*

L'une, appelée spécialement récépissé, constitue à elle seule un titre au moyen duquel le déposant peut se faire livrer la chose ou transmettre les droits qu'il a sur elle, sans la déplacer matériellement. Dans la plupart des cas, le déposant étant propriétaire de la marchandise, cette transmission sera faite par lui ou par son mandataire en exécution d'une vente, et comme elle s'effectue très rapidement, avec la plus grande simplicité, par le seul endossement du titre, on dit fréquemment que le récépissé est un instrument qui permet de *mobiliser* la marchandise.

L'autre appelée spécialement warrant, ou bulletin de gage, est une sorte de billet à ordre dont le paiement est garanti par la marchandise en magasin général, sans qu'on ait à la déplacer matériellement pour la remettre dans la détention du créancier gagiste. A raison de la sûreté qu'il procure à son preneur, la circulation du warrant est facile. Tout particulièrement, le producteur manquant de fonds y a recours, s'il veut à la fois continuer sa fabrication et différer la vente de ses stocks dans l'espérance d'une hausse, et pour ce motif, on dit que le warrant est un instrument, au moyen duquel on fait *travailler la marchandise comme capital.*

L'emploi du récépissé peut être combiné avec celui du warrant, et le mécanisme de leur fonctionnement est aussi

mecum du négociant, du banquier et du magasinier par M. Siméon Lisse, régisseur général des entrepôts de la Chambre de commerce de Bordeaux, et dans le *Traité pratique des transports par chemins de fer, des opérations de douane et de docks, à l'usage des négociants,* par Alphonse Lejeune. (Marseille 1878). Ces deux ouvrages ne sont pas dans le commerce.

simple que les espèces dans lesquelles ils sont utiles, sont à la fois variées et complexes :

1° Par l'endossement du récépissé et du warrant réunis au profit de la même personne, l'endosseur lui transmet tous ses droits sur l'action. On y a donc recours, soit en exécution d'une vente ou de toute autre opération pour l'exécution de laquelle la marchandise doit être mise à la disposition du bénéficiaire, soit pour réaliser une impignoration dissimulée sous l'apparence d'une vente ; dans cette dernière hypothèse, une contre-lettre indique que, si la somme n'est pas payée à l'échéance, le créancier fera valoir ses droits sur la marchandise et remettra au véritable propriétaire le reliquat du prix de la vente.

2° Le déposant, ayant emprunté au moyen du warrant, trouve à placer la marchandise. Il endosse le récépissé, et la livraison sera faite au bénéficiaire sur présentation du warrant acquitté ou consignation de son montant. Après endossement du warrant, le déposant peut encore endosser le récépissé en garantie, afin d'impignorer la marchandise pour le surplus de sa valeur. Ce procédé a toutefois l'inconvénient de le démunir du titre constatant ses droits sur la chose.

3° Il est assez rare que l'endossement du warrant suive celui du récépissé, car le déposant, en se privant du droit de disposer de la chose, se retire en particulier celui de l'impignorer. Néanmoins, il gardera utilement le warrant après endossement du récépissé, lorsque la chose aura été vendue à terme et moyennant à-compte : le warrant remis d'abord par le vendeur à l'acheteur sera aussitôt après endossé par l'acheteur au vendeur en garantie du paiement du reliquat du prix.

Le jeu du warrant peut encore être combiné avec celui de la *filière*. Sur certaines places, chaque jour plus nombreuses (Paris, Marseille, Lille, etc.) en exécution de ventes à livrer portant sur des marchandises d'une nature spéciale, l'usage s'est établi que le vendeur passe au nom de l'acheteur un titre portant ordre de livraison sur le magasin général, et transmissible par endossement. C'est le filière. A sa création, elle est présentée au magasinier, qui par son visa garantit l'existence des marchandises et s'engage à ne livrer qu'à l'arrêteur. Si la transcription du premier endossement du warrant est antérieure au visa, le magasin en fait aussi mention par la formule : *à charge de payer le porteur du warrant*, sans toutefois que l'omission engage sa responsabilité. A l'arrivée du terme, l'arrêteur se présente au magasin, consigne le montant du warrant, verse le reliquat à l'ayant droit et prend livraison. L'échéance du warrant coïncidant le plus souvent avec le terme stipulé pour la vente, tous ces règlements en sont facilités.

La filière a de grandes analogies avec le récépissé. Comme lui, elle permet à l'endosseur de disposer du droit qu'il a sur la marchandise (1) ; aussi s'explique-t-

1. Il y a aussi des différences importantes entre la filière et le récépissé. Et notamment : le récépissé endossé est un ordre de livraison immédiate, la filière un ordre de livraison à terme.

En conséquence de ce principe, on s'explique qu'un propriétaire warrante sa marchandise et crée sur elle une filière dans le même instant, cette double opération lui permettant d'emprunter sur la chose et de la vendre dans de bonnes conditions : on ne s'expliquerait pas au contraire que le récépissé et le warrant fussent endossés en même temps à des bénéficiaires différents ; il n'en résulterait qu'une complication de règlement.

on que celle-ci fasse concurremment l'objet d'un warrantage et d'une vente par filière. On ne comprendrait pas,
au contraire, que l'endosseur d'un récépissé créât une
filière ayant pour objet les mêmes marchandises, car il
ne saurait les vendre deux fois (1).

**§ 2. – Délivrance du récépissé-warrant. Formes. Renou-
vellement. Duplicata. Qualité légale du récépissé-
warrant.**

Tout déposant peut réclamer un récépissé-warrant (2).
(Loi du 28 mai 1858, art. 1er). Le magasinier n'est point

1. Par contre, l'endosseur du récépissé, pourrait être en même
temps le bénéficiaire de la filière, (afin de se faire reporter), et in-
versement, le bénéficiaire du récépissé pourrait être endosseur de
la filière (afin d'agir comme reporteur).

2. Les magasins ne délivrent d'ordinaire de récépissés-warrants
que sur demande écrite, émanant du déposant et signée par lui.
A cet effet, les grandes compagnies tiennent des formules impri-
mées à la disposition des intéressés. En voici un exemple :

Magasins généraux de **X.**

Demande de récépissé-warrant.

M......, demeurant à......, rue..., .., n°......, prie Monsieur le directeur des Magasins généraux de vouloir bien lui délivrer......
récépissés avec warrants y annexés, des marchandises ci-après
désignées, déposées dans son magasin, sous le n° d'entrée...... et
venues de......

Signature et date, domicile

Un petit cadre placé sous la demande permet d'indiquer clairement le nombre de récépissés-warrants demandés et la composition de chacun d'eux.

Le déposant ne saurait être admis à réclamer la délivrance
d'un récépissé ou d'un warrant ; le récépissé et le warrant réunis
forment un seul titre qu'il n'appartient pas au magasinier de diviser (argument Loi 28 mai 1858, art. 2).

recevable à en faire refus sous le prétexte que la preuve du droit de propriété n'a point été fournie, pourvu que le déposant soit propriétaire apparent de la marchandise ou mandataire de celui-ci.

Les textes qui règlent les formes du récépissé-warrant sont très incomplets.

1° Il résulte de la loi du 28 mai 1858; art. 1 et 2, que chaque récépissé et chaque warrant doit énoncer les nom, profession, domicile du déposant, la nature de la marchandise déposée, et les indications propres à en établir la valeur.

L'arrête du 26 mars 1848 exigeait que la valeur vénale de la marchandise fût déterminée par expert le jour du dépôt et que mention en fût faite dans le récépissé. Cette formalité déplaisait fort et il est heureux qu'elle n'ait point trouvé place dans la loi de 1858, car elle est par dessus tout coûteuse et inutile ; de l'entrée de la marchandise à l'endossement des titres, les cours ont pu varier; il faut seulement connaître leur dernière valeur, l'autre importe peu.

2° En vertu de l'article 3 de la même loi, chaque récépissé et warrant doit être transmissible par voie d'endossement.

3° Enfin, le décret du 12 mars 1859, art. 13 dispose que les récépissés de marchandises et les warrants y annexés seront extraits de registres à souches.

Il a fallu combler les lacunes de la loi. Les grands établissements de crédit y ont aidé, et principalement la Banque de France qui concentre dans son portefeuille un très grand nombre de warrants.

C'est notre banque nationale qui a proposé le modèle de livre à souches adopté maintenant par la plupart des magasiniers. Le warrant y est placé sous le récépissé de telle sorte que les deux titres sont unis l'un à l'autre, et tiennent directement à la souche. Sur la partie de la souche qui correspond au récépissé, on porte les mêmes indications que sur le récépissé : nom, prénoms, profession, domicile du déposant ; nombre de colis, nature et poids, numéros de magasinage, marques de la marchandise. Sur la partie de la souche qui correspond au warrant ; on mentionne sous le titre de *transcription des endossements*, les dates des cessions des warrants, les noms des cessionnaires, les sommes avancées et les échéances. Le récépissé et le warrant portent toujours un même numéro, qui est reproduit sur la souche. Ils sont signés par le directeur du magasin et par l'administrateur délégué, et, bien que la loi ne l'exige point expressément, il faut décider que la signature du directeur est nécessaire à la validité des titres qu'il émet, car ceux des établissements non autorisés sont nuls. Enfin, comme tous les effets de commerce, les récépissés et les warrants sont datés. (1).

C'est encore grâce à l'heureuse influence de la Banque de France que s'est répandue depuis quelques années, l'habitude d'annoter le récépissé. On porte en marge du titre la mention suivante :

1. La date portée sur le récépissé et sur le warrant ne saurait être confondue avec celle du dépôt. Ces titres constatent le fait du dépôt sans en certifier la date. Par suite, le bénéficiaire du récépissé ne peut, lorsque la marchandise est vendue, se prévaloir de sa date, pour contester au magasinier le droit de retenir sur le prix des frais de magasinage antérieurs à cette date (Trib. com. Seine, 4 oct. 1888).

Le warrant dépendant du présent récépissé a été transféré à M..... demeurant à..... pour garantie de la somme de..... payable le.....

Le directeur des magasins généraux.

(*Signature et date*).

Une simple inspection du récépissé suffit alors pour connaître si le warrant a été escompté, et pour quelle somme. On souhaite généralement que cette mesure de prudence soit rendue obligatoire.

Fractionnement et renouvellement des récépissés-warrants. — « A toute réquisition du porteur du récépissé et du « warrant réunis, la marchandise déposée doit être frac- « tionnée en autant de lots qu'il lui conviendra, et le titre « primitif remplacé par autant de récépissés et de war- « rants qu'il y aura de lots. » (Décret du 12 mars 1859, art. 21). En d'autres termes, le déposant peut demander le fractionnement du récépissé-warrant, pourvu que les deux parties du titre soient en ses mains. Il peut aussi deman- der son renouvellement ; l'opération du fractionnement nécessite d'ailleurs un renouvellement.

Le renouvellement s'analyse en un acte double :

1° Annulation du récépissé-warrant précédemment émis ;

2° Création *immédiate* d'un autre récépissé-warrant à échéance plus éloignée.

On atteint ce double résultat en procédant de la façon suivante :

1° Une demande de renouvellement est adressée au magasinier ;

2° Le nouveau récépissé-warrant, incomplet et sans

signature, est remis au porteur du récépissé du titre à renouveler ;

3° Le débiteur et le créancier discutent les conditions du renouvellement, arrêtent le montant du nouvel endos, la date de la nouvelle échéance, font le transfert et rapportent le récépissé-warrant au magasin général. Le magasinier complète alors et signe le nouveau titre, le remet à son bénéficiaire, annule immédiatement l'ancien, corrige la souche des registres et y mentionne la date de la rentrée du premier titre.

Perte des récépissés-warrants. Duplicatas. — La loi du 28 mai 1858, dispose dans son article 12 : « Celui qui a « perdu un récépissé ou un warrant, peut demander et « obtenir par ordonnance du juge, en justifiant de sa « propriété et en donnant caution, un duplicata s'il s'a- « git d'un récépissé, le paiement de la créance garantie « s'il s'agit du warrant. »

Les termes de cet article doivent être interprétés largement, car il n'y a pas de raison pour ne pas admettre à son bénéfice le porteur d'un titre volé ou détruit comme celui d'un titre égaré ; ils méritent à un égal degré la protection des lois. Il est même permis de s'étonner que le législateur ait différemment traité le porteur du récépissé et celui du warrant. A l'un, il rend le titre perdu ; à l'autre, il permet seulement de toucher la somme dont il était créancier en vertu du titre disparu ; le créancier warrantaire aurait eu peut-être intérêt à recevoir un duplicata de son warrant pour le négocier à sa convenance.

Le duplicata du récépissé ou le paiement du warrant ne seront remis qu'au réclamant fournissant :

1° La preuve de son droit de propriété sur le titre ;

2° Une caution solvable.

Il sera fait droit à sa demande sur ordonnance du président du tribunal de commerce.

Qualification légale du récépissé-warrant. — Le récépissé-warrant, le récépissé et le warrant peuvent-ils être qualifiés effets de commerce ?

On voit l'importance de la question dans l'hypothèse d'une faillite. Si on admet l'affirmative, l'endossement de ces titres, effectué par le débiteur pendant la période suspecte et en paiement de dettes échues, tombe sous le coup de l'art. 447 du Code de commerce : la nullité en reste facultative pour le juge. Si, au contraire on admet la négative, l'endossement est nul de droit et il suffira que la masse des créanciers prouve son existence et sa date pour que la nullité doive être prononcée (art. 446, al. 2 Co.).

Il faut pour trancher la question faire avec la jurisprudence, très constante d'ailleurs, une distinction :

1° Le *récépissé* ne constitue qu'un certificat de dépôt, constate seulement qu'un droit réel existe sur la marchandise au profit du bénéficiaire, et, comme l'a écrit un jurisconsulte allemand (1) non sans finesse, joue le rôle d'une clef de magasin, qui passe par les mains des

1. Welche Rechtswirkungen sind an die Indossirung fon Lager-scheinen zu knüpfen (Rapport au Congrès des Juristes allemands, par Dr H. Cohn, professeur à Heidelberg (auj. à Zurich), Berlin, 1891, Simion. Voyez aussi F. Hecht, die Warrants (*passim*).

différents acheteurs. Or, tout effet de commerce devant avoir pour objet une somme d'argent, on ne saurait lui accorder cette qualification, et, dans l'espèce précitée, le débiteur, endossant un récépissé, n'effectuera qu'une dation en paiement, nulle de droit aux termes de l'art. 446, al. 2. C. Co.

2° Cette solution est applicable par analogie au *récépissé-warrant*, car le warrant n'a de valeur qu'autant qu'il est détaché.

3° Au contraire, elle doit être écartée si le *warrant* est endossé seul. Le warrant peut se définir un billet à ordre dont le paiement est spécialement garanti par un lot de marchandises. Son bénéficiaire ne saurait exiger qu'une somme d'argent, et la sûreté réelle qui lui est conférée n'a d'autre but que d'en assurer le paiement. Il a donc droit à la qualification d'effet de commerce (1).

1. Ces principes ont été formellement posés par la Cour de cassation en divers arrêts, et notamment dans celui du 7 mai 1866 (Ch. civ.). Aussi, sommes-nous profondément surpris de les voir méconnaître incidemment par M. l'avocat général Desjardins, dans des conclusions qu'on retrouvera plus loin (Voyez eod. chap., § 6, 3°).

M. l'avocat général Desjardins s'exprimait ainsi : « ...... L'avo-
« vocat de la société demanderesse a plusieurs fois assimilé dans
« sa plaidoirie les warrants aux effets de commerce. Ce sont des
« titres représentant des marchandises, mais non des effets de
« commerce. Ce qui le prouve jusqu'à l'évidence, ce sont les textes
« législatifs eux-mêmes. La Banque de France, vous le savez,
« n'escompte les effets que s'ils sont revêtus d'au moins trois si-
« gnatures notoirement solvables. Pour que les sous-comptoirs
« d'escompte puissent les escompter, il faut qu'ils soient revêtus
« de deux signatures au moins. Afin de favoriser les warrants, la
« loi du 28 mai 1858, art. 11, a décidé que les établissements pu-
« blics de crédit peuvent recevoir les warrants comme effets de

Toutefois, on n'en saurait déduire que la nullité de l'endossement du warrant effectué par le débiteur durant la période suspecte pour paiement de dettes échues soit toujours facultative pour le juge ; car, s'il est vrai que le warrant soit un effet de commerce, il n'en est pas moins vrai qu'il réalise l'impignoration de la marchandise warrantée au profit du bénéficiaire, et que toute constitution de droits de nantissement effectuée durant la période suspecte pour dettes antérieurement contractées et portant sur les biens du débiteur est nulle de droit (C. co. art. 446, al. 3). Il faut donc admettre avec la jurisprudence, que si le débiteur endosse pendant la période suspecte un warrant qui lui a été remis détaché de son récépissé, l'endossement n'est qu'annulable, car les biens qu'il engage ne sont pas dans la propriété du débiteur ; qu'au contraire, si ce dernier détache pour l'endosser le warrant du récépissé, il engage sa marchandise, et l'endossement est nul de droit (C. co. 446, al. 3) (1).

« commerce, avec dispense d'une des signatures exigées par les « statuts. Cette disposition serait absurde si les warrants étaient « des effets de commerce. »

Il nous paraît exagéré de voir dans la loi du 28 mai 1848, art. 11, une raison suffisante pour refuser aux warrants le caractère d'effets de commerce. Quelle que soit, en pratique, l'importance des conditions auxquelles la Banque de France escompte les effets qu'on lui présente, celles-ci ne sauraient modifier la nature juridique desdits effets. Nous maintenons donc que le warrant est un effet de commerce ayant pour caractère distinctif, qu'une sûreté réelle, d'une nature particulière, en garantit le paiement.

1. En ce sens, voyez Cassat. civ., 7 mai 1866, et la note de M. Moreau, sous l'arrêt S. 1866. 1. 313. Voyez aussi Lyon-Caen et Renault, *Traité de droit commercial, loc. cit.*

Voy. aussi Rataud, à son cours.

§ 3. — Endossement du récépissé et du warrant réunis

L'endossement du récépissé et du warrant réunis peut être fait pour des causes diverses. Le plus souvent, il a pour effet de transférer au cessionnaire l'exercice de tous les droits du cédant sur la chose magasinée (droit d'en disposer par un nouvel endossement, de la warranter, de s'en livrer, etc). Très fréquemment, le cédant étant propriétaire, il endosse le récépissé et le warrant réunis à son acheteur en exécution de la vente. Toutefois, le récépissé n'a en lui-même que la valeur d'un ordre de livraison, et le warrant n'a de valeur que lorsqu'il est indépendant du récépissé. L'endossement du récépissé-warrant peut donc avoir une autre cause que la vente de la marchandise. Il en sera ainsi notamment :

A. — Lorsque le mandant voudra mettre le mandataire à même d'extraire la chose de l'entrepôt pour la vendre en exécution du mandat. L'endossement du récépissé et du warrant réunis transférera dans l'espèce au mandataire l'exercice des droits du mandant, mais ce dernier ne cessera point d'en être titulaire.

B. — Le producteur craint de porter atteinte à son crédit en engageant publiquement ses stocks. Il souscrit un billet à son prêteur et lui endosse le récépissé et le warrant réunis. Les parties conviennent d'autre part, que cet endossement est fait en garantie du paiement du billet. Si à l'échéance, le créancier est payé sans formalité, il réendosse à son ancien débiteur le récépissé et le warrant. Si, au contraire, ce dernier ne le paye pas, il vend la marchandise, se paye sur le prix, et verse le reliquat à qui de droit ; l'emprunteur y aura toujours gagné d'éviter les frais d'un protèt. De plus, ce procédé a l'avantage de spécialiser la garantie à l'un des endosseurs, et, avec son assentiment, d'en permettre l'échange ou la suppression. Par contre, il a l'inconvénient de priver le débiteur de tout titre établissant ses droits sur la marchandise impignorée.

En résumé, l'endossement du récépissé et du warrant réunis ne prouve pas la vente de la marchandise entreposée, alors même que le cédant en serait propriétaire. « On doit, dit la cour de Bordeaux (arrêt du 12 mars 1886), « dans le cas où il ne mentionne pas de cause précise, « pour apprécier sa portée entre le cédant et le cession- « naire, se référer au mode de preuve admis en matière « commerciale, et notamment aux livres, à la correspon- « dance et même aux différentes présomptions qui éta- « bliraient que la contre-valeur de la marchandise avait « été fournie au cédant. »

Au surplus, rien n'est plus facile pour l'endosseur que d'éviter toute difficulté en mentionnant la cause de l'endossement dans son libellé.

On endosse le récépissé et le warrant réunis dans les mêmes formes que si les deux titres étaient séparés. La transcription de l'endossement du warrant n'a plus de raison d'être, la marchandise n'étant pas warrantée. Il a été jugé que l'endossement du récépissé warrant « irrégu- lier et non sérieux », peut motiver une opposition entre les mains du magasinier ; c'est l'application pure et simple du droit commun.

§4 — Endossement du Récépissé seul.

Le récépissé est endossé seul, lorsque la marchandise ayant été préalablement warrantée : 1° l'endosseur veut transmettre l'exercice de tous les droits qu'il a conservés sur la chose, ou bien 2° lorsque l'endosseur veut l'impignorer pour le surplus de sa valeur. Dans ce cas, l'endossement est fait en garantie.

Formes de l'endossement du récépissé. — La forme de l'endossement du récépissé n'a point été réglée par les textes spéciaux. Il faut donc y procéder en suivant le droit commun. En général, l'endossement du récépissé est ainsi libellé :

Livrez à l'ordre de M. X... à Paris.

Signature et date.

Les récépissés sont généralement endossés à ordre, mais aucun texte ne permet de considérer la clause à ordre comme obligatoire pour la validité de l'endossement.

L'endossement doit être daté. On saura de la sorte si, au moment de la cession, les parties étaient capables. On soutient unaniment (voyez Lyon-Caen et Renault, *Traité du Droit commercial*, Tome III, p. 258 et S.), que l'article 139 du Code de commerce doit être appliqué à l'endossement du récépissé. Cet article est ainsi conçu : « Il est défendu d'antidater les ordres à peine de faux. » Nous ne suivrons pas cette doctrine. En effet, s'il est vrai qu'on doit suppléer par analogie aux lacunes de la loi, lorsque cela est nécessaire, il n'est pas moins certain qu'on doit se garder d'interpréter trop largement les textes exceptionnels et d'appliquer les peines, en dehors des faits pour lesquels elles ont été expressément prononcées Or, l'article 139 C. civ. est un texte exceptionnel ; il faut donc restreindre son application à la matière qu'il vise directement : les effets de commerce.

Depuis 1858, la *transcription de l'endossement du récépissé* n'est plus exigée pour qu'il soit opposable aux tiers ; en fait, elle est assez fréquemment pratiquée. C'est au bénéficiaire qu'il appartient de la réclamer et d'en supporter les frais, qui peuvent être considérés comme les accessoires des frais de vente (1).

Effets de l'endossement du récépissé. — Le récépissé régulièrement endossé vaut ordre de livraison au profit du porteur. Celui-ci a donc le droit de disposer de la marchandise, soit en passant le titre au nom d'un tiers, soit en prenant livraison.

Si le porteur du récépissé est en même temps porteur du warrant, il lui suffit, pour obtenir livraison de la marchandise, d'acquitter les droits fiscaux et les frais de magasinage.

S'il n'est pas porteur du warrant, de deux choses l'une : ou le premier endossement du warrant a été transcrit, ou il ne l'a pas été.

1° Si la transcription n'a pas eu lieu, il peut exiger livraison, alors même qu'il ne représenterait pas le warrant et

1. Voir plus haut, chap. III, § 1er et la note 1.

que l'annotation de son récépissé indiquerait que le warrant a été négocié ; car vis-à-vis du porteur du warrant, il n'est qu'un tiers, et l'endossement du warrant n'est opposable aux tiers qu'à la condition d'avoir été transcrit au magasin général (1).

2° Si la transcription a eu lieu, le porteur du récépissé ne peut prendre livraison qu'après avoir remboursé le porteur du warrant. Toutefois, la loi n'exige point qu'il attende pour cela l'échéance de l'effet ; elle a organisé un système de paiement anticipé contre l'emploi duquel le porteur du warrant ne saurait protester, alors même que le terme aurait été stipulé à son profit.

Le paiement anticipé sera amiable ou non.

1° Amiable si le porteur du warrant est connu (il peut l'être notamment par la transcription des endos au magasin général), et s'il se met d'accord avec le porteur du récépissé sur la somme à déduire du montant du warrant, à raison de l'anticipation du paiement.

2° Forcé. Dans ce cas, il y aura lieu à consignation.

DE LA CONSIGNATION

La consignation était déjà pratiquée sous le régime de la loi de 1848, mais avec cette différence qu'on déduisait toujours du montant du warrant les intérêts à courir jusqu'à son échéance, moins onze jours. Le créancier étant libre de se faire toujours connaître, et le délai de

1. Voy. Trib. Com. Seine, 13 oct. 1881.

onze jours paraissant plus que suffisant pour lui permettre de retrouver un nouveau placement, le législateur croyait pouvoir donner par cette mesure plus de
souplesse au warrantage. Dans l'intérêt des déposants
qu'il voulait favoriser, il fut obligé d'y renoncer, et la
loi du 28 mai 1858, art. 6, réglemente ainsi la consignation : « Le porteur du récépissé séparé du warrant peut
« même avant l'échéance payer la créance garantie par le
« warrant. Si le porteur du warrant n'est pas connu, ou
« si, étant connu, il n'est pas d'accord avec le débiteur
« sur les conditions auxquelles aurait lieu l'anticipation
« du paiement, la somme due, y compris les intérêts
« jusqu'à l'échéance, est consignée à l'administration du
« magasin général qui en demeure responsable, et cette
« consignation libère la marchandise. »

Le décret du 12 mars 1859 art. 19 ajoute : « Outre
« les livres ordinaires du commerce et le livre des récé-
« pissés et des warrants, l'administration du magasin
« général, doit tenir un livre à souche, destiné à consta-
« ter les consignations qui peuvent lui être faites en vertu
« des articles 6 et 8 de la loi. Tous ces livres sont cotés
« et parafés par première et dernière, conformément à
« l'article 11 du Code de commerce. »

Les formes de la consignation sont donc fort simples.
Pour éviter les longueurs et les frais, on a écarté la formalité des offres réelles et l'intervention de la Caisse des
Dépôts et Consignations. Le montant du warrant est
versé intégralement par le porteur du récépissé au magasin général qui constate l'entrée en caisse sur le registre
ad hoc, et lorsqu'à l'échéance le porteur du warrant se

présente, il reçoit les espèces qui ont pris la place de la marchandise.

Effets de la consignation. — A. Le porteur du récépissé est complètement libéré par la consignation, et cela résulte clairement, non seulement des textes spéciaux, mais encore des principes généraux du droit (art. 1257 C. civ.)

B. Le porteur du warrant perd le droit de gage qui garantissait le paiement de son effet. Une simple créance contre le magasinier y est substituée, et tous les risques courus par la somme consignée : faillite, liquidation judiciaire de l'exploitant, détournement, soustraction, perte par cas fortuit des deniers sont mis à sa charge (1).

La situation qui lui est faite est donc très précaire. On a essayé de la justifier en objectant qu'il en est responsable ; qu'il lui suffisait, pour l'éviter, de se faire connaître par la transcription de l'endossement du warrant, et d'accepter le remboursement amiable qui lui était offert par le porteur du récépissé. Il n'en reste pas moins vrai qu'en refusant le paiement anticipé aux conditions, peut-être insuffisantes, qu'on lui imposait, il n'a fait qu'user d'un droit, et qu'en lui infligeant un traitement trop rigoureux, on tue le crédit sur warrant. Dès 1848, ce problème avait embarrassé le législateur, et faute de trouver un moyen qui conciliât les prétentions de chacun, il avait laissé ce souci au droit commun. Les effets de cette hésitation sont

1. Voy. Cour de Paris, 5 avril 1877.
En cas de faillite ou de liquidation judiciaire de l'exploitant, si l'identité des fonds consignés peut encore être établie, il y a lieu d'admettre le porteur du warrant à leur revendication.

désastreux. Il faut que par une réglementation nouvelle la confiance du prêteur soit affermie. Dans quel sens devra-t-elle s'exercer? On a proposé de mettre les risques à la charge du porteur du warrant, lorsque celui-ci refuserait d'accepter le paiement anticipé, et de les faire supporter par le porteur du récépissé, lorsque la consignation serait faite à l'insu de son créancier. Cette solution repose sur une distinction juridiquement injustifiable et aboutirait dans la pratique à de graves iniquités (1). Peut-être serait-il préférable à l'état actuel de revenir au régime de 1848. La crainte de laisser ses capitaux inactifs déterminerait le créancier warrantaire à se faire connaître régulièrement ; le délai de onze jours lui suffirait sans

1. Dans un rapport sur la proposition Em. Ferry (1890), la Chambre de commerce de Paris a préconisé une autre solution. Le montant de la consignation serait remis dans un bref délai par le magasinier, soit à la Caisse des Dépôts et Consignations, soit à la Banque de France.

En ce qui la concerne, la Banque de France refuse d'envisager un semblable accommodement qui, d'après elle, porterait une atteinte grave à sa liberté, l'exposerait à des risques que ses statuts lui interdisent d'accepter, et la détournerait de sa mission véritable.

(Il faut rapprocher cette proposition émanant de la Chambre de commerce de Paris de la proposition de loi présentée par M. Ern. Delaunay sur le warrantage agricole, art. 8 — Voy. le texte de la proposition, Ch. VI, en appendice).

En ce qui concerne la caisse des dépôts et consignations, il est à craindre qu'elle ne consente point à approprier son fonctionnement à ce genre d'affaires, et en admettant même qu'elle s'y prête, nous pensons que son organisation est trop administrative pour qu'elle puisse rendre aux affaires commerciales des services prompts.

D'ailleurs, quel que soit l'établissement chargé de recevoir la consignation des mains du magasinier, si ce dernier est indélicat, il lui sera toujours loisible de conserver le montant de la consignation et le porteur de warrant sera dépouillé comme devant.

doute pour remployer ses fonds, d'autant plus que le taux de l'intérêt des prêts sur warrants n'est jamais élevé, et le magasinier, ne conservant la consignation que pendant un délai très court, n'aurait guère l'occasion de les détourner ou de les dissiper.

C. Le magasinier devient, par le fait de la consignation, débiteur personnel du porteur du warrant. Tous ses biens, mobiliers et immobiliers, présents et à venir, et notamment son cautionnement, répondent du paiement de la dette (art. 2092 civ.). Mais le porteur du warrant n'est, sur aucune de ces valeurs, privilégié aux autres créanciers du magasinier. Il est absolument interdit aux exploitants de disposer des sommes consignées et de les faire fructifier à leur profit, car ils n'en sont que dépositaires (1); faute d'avoir tenu de cette interdiction un compte suffisant, plusieurs négociants ont été l'objet de poursuites criminelles.

De la consignation partielle. — Le porteur du récépissé peut-il sans autorisation, ou malgré la volonté du créancier-warrantaire, opérer un retrait partiel de la marchandise, en n'effectuant qu'une consignation proportionnelle au retrait ? Les textes spéciaux ne se prononcent pas ; la jurisprudence ne peut donc qu'appliquer les principes généraux ; elle proclame l'indivisibilité du gage, et comme conséquence, l'irrégularité de la consignation partielle (2). Si la somme consignée est détournée ou périt, c'est aux risques du porteur du récépissé, qui ne saurait se préva-

---

1. Voy. C. civ., art. 1930.

2. Voy. Cour de Paris, 5 avril 1877 ; Trib. com. Marseille, 2 oct. 1881.

loir d'une telle consignation vis-à-vis du porteur du warrant.

Juridiquement, la solution adoptée par la jurisprudence semble inattaquable. A l'objection que l'indivisibilité est de la nature, non de l'essence du gage, il sera facile de répondre qu'il faut au moins, pour réclamer la divisibilité, un texte ou une convention stipulant dérogation au droit commun (3), et que dans l'espèce, par hypothèse, ce texte et cette convention font défaut. Toutefois les effets de la règle ne sont guère heureux. Pourquoi ne pas autoriser la consignation partielle, alors qu'on autorise le fractionnement du récépissé-warrant? La consignation partielle est-elle autre chose qu'un fractionnement simplifié? Les services qu'elle peut rendre sont indiscutables, et, le cas échéant, il serait même de l'intérêt du créancier warrantaire de la réclamer pour conjurer une consignation totale plus périlleuse encore. La pratique démontre au surplus que la prohibition légale a peu de force, lorsqu'elle ne s'inspire pas de l'utilité ; ici encore on demande une réforme.

§ 5. — Endossement du warrant détaché.

Le warrant détaché s'analyse : un billet à ordre dont le paiement est garanti par un nantissement d'une nature particulière. Il peut donc être l'objet d'un endossement régulier, ou irrégulier, ou en garantie.

1° L'endossement est régulier lorsqu'il porte les mentions

---

1. Voy. C. civ., art. 2082 et 2083.

Dubron   8

exigées par le Code de commerce, art. 19. Il a alors pour effet de transmettre la propriété de la créance et la garantie qui l'accompagne. L'opération se pratique ainsi : la valeur vénale de la marchandise est d'abord établie par un certificat d'expertise émanant d'un courtier inscrit (1) ; un bordereau de liquidation des frais de magasinage, délivré par l'exploitant, y est joint. Sur ces éléments on discute le montant de l'avance (en pratique de 75 à 90 0/0 de la valeur de la marchandise, suivant les chances de hausse ou de baisse, les droits fiscaux et de magasinage restant dus, etc.) le taux des intérêts, ordinairement peu élevé, car les risques sont minimes, et si les parties tombent d'accord, le warrant est endossé régulièrement au porteur.

Un règlement particulier de la Banque de France détermine les marchandises qui, par leur nature, sont susceptibles de lui être offertes en nantissement, et le mon-

---

1. Cette pièce est ainsi conçue :

Je soussigné, courtier de commerce inscrit par le Tribunal de commerce de...... demeurant à......, rue......, n°......

Certifie que les...... déposés dans les magasins généraux de...... et qui font l'objet du récépissé et du warrant n°...... délivré à M...... valent au cours de ce jour...... les 100 kilogs.

Tant de colis...... pesant ensemble...... kilogs, à fr...... les cent kilogs, à...... Fr.

A...... le......, 18......

Signature du courtier.

Ce certificat doit être dressé sur papier timbré.

— Décret du 12 mars 1859, art. 14 : « Dans le cas où un courtier est
« requis pour l'estimation des marchandises, il n'a droit qu'à une
« vacation, dont la quotité est fixée pour chaque place par le mi-
« nistre de l'agriculture, du commerce et des travaux publics,
« après avis du tribunal de commerce. »

tant des avances qu'elle peut consentir sur chacune d'elles ;

2° L'endossement est irrégulier lorsqu'il ne porte pas les cinq mentions exigées par l'art. 197 précité. Il ne vaut alors que comme procuration (Voy. C. co. art. 238) ;

3° Le warrant peut être aussi endossé en garantie.

Formes de l'endossement. — L'article 5 de la loi du 28 mai 1858 statue ainsi sur les formes de l'endossement du warrant : « L'endossement du récépissé et du warrant « transférés ensemble ou séparément doit être daté. L'en- « dossement du warrant, séparé du récépissé, doit en « outre énoncer le montant intégral en capital et intérêts « de la créance garantie, la date de son échéance et les « noms, profession et domicile du créancier. Le premier « cessionnaire du warrant doit immédiatement faire « transcrire l'endossement sur les registres du magasin, « avec les énonciations dont il est accompagné. Il est fait « mention de cette transcription sur le warrant ».

L'endos du warrant est ordinairement conçu en ces termes :

Bon pour transfert du présent warrant à l'ordre de M. X...., demeurant à Z., rue..... n°..... pour garantie de la somme de vingt mille francs (fr. 20.000) intérêts compris, payable le trente-et-un novembre mil huit cent quatre-vingt-dix-sept.

Paris, le 1er septembre 1897,

Signé : PAUL.

Vu et transcrit le présent endossement au registre D, folio 307.

Le chef du bureau,	*Le Directeur,*
JEAN.	JACQUES.

L'emploi de la clause à ordre n'est pas obligatoire pour

la transmission du warrant. D'après une opinion que nous ne suivrons pas, cette particularité n'est d'ailleurs pas la seule qui distingue l'endossement du warrant de celui du billet à ordre. La clause : *retour sans frais*, valable en matière de billet à ordre, est nulle en matière de warrant ; il faut l'expliquer, dit-on, par le fonctionnement du warrantage (1).

L'endos du warrant doit être daté (art. 5 précité) ; l'antidate et la fausse date sont passibles des travaux forcés à temps.

Tous les endossements d'un warrant ne doivent pas nécessairement être faits pour la même somme. Toutefois, il est rare que le montant du premier endos soit inférieur à celui des suivants. Pierre prête à Paul 20.000 fr. sur ses blés entreposés à Saint-Denis. La marchandise est warrantée pour cette somme. Si plus tard Pierre endosse le warrant à un tiers, Jean, pour la somme de 30.000 fr., les blés de Paul ne sauraient être impignorés de ce chef pour le montant de cette dette. *Nemo plus juris transferre potest quam ipse habet.* En vertu de l'endossement effectué par Pierre, Jean pourra à l'échéance de l'effet, recouvrer sur les blés de Paul la somme de 20.000 fr., mais pour le surplus, c'est-à-dire pour 10.000 francs, il n'est que le créancier chirographaire de Pierre. Il en serait autrement au cas où Paul y donnerait son autorisation et engagerait sa marchandise pour garantir le paiement intégral de la dette contractée par Pierre. L'administration du magasin ne pourrait alors faire li-

1. Voyez *infrà*, page 119 : — De la validité de la clause : retour sans frais.

vraison que sur consignation du montant de l'endossement le plus élevé.

Au contraire, il arrive plus fréquemment que l'escompteur refuse de prendre le warrant pour le plein.
Dans cette hypothèse, il est d'abord remboursé à l'é-
chéance sur le prix de la marchandise par privilège au
précédent porteur, et ce dernier recouvre lui-même sur
le reliquat le surplus de son avance, par préférence aux
autres créanciers du déposant.

Quoique les usages en cette matière ne soient pas les
mêmes sur toutes les places, beaucoup de banquiers,
tout en n'acceptant le warrant que pour une somme inférieure au montant des précédents endos, se font endosser le titre purement et simplement ; de telle façon,
que vis-à-vis du créateur, de tous les coobligés autres que
le cédant et du magasinier, ils restent dans la même situation que s'ils avaient endossé pour le plein. Ce procédé
n'est pas exempt d'inconvénients : 1° si le banquier réclame lui-même le paiement au principal obligé, il doit
ensuite restituer à son cédant la différence entre le montant des deux endos, d'où un mouvement de fonds sup-
plémentaire : 2° le protêt d'un warrant endossé dans de
pareilles conditions, donnerait peut-être lieu à des difficultés extrêmes. Aussi, d'autres banquiers font-ils indiquer par le cédant, avant l'endossement, que le montant
du warrant est réduit, et, vis-à-vis des tiers, l'effet ne
vaut plus alors que pour la somme nouvelle.

Le premier endossement du warrant doit être transcrit (art. 5 précité, *in fine*) sur le registre du magasin général et au moment de la transcription l'établissement

vise le titre. C'est cette formalité qui rend l'endossement opposable aux tiers, c'est-à-dire à toute personne (y compris les porteurs du récépissé) (1).

Jusqu'à ce que la transcription soit effectuée, le warrant n'a donc de valeur que dans les rapports du cédant avec le cessionnaire ; le bénéficiaire du récépissé peut sans opérer de consignation se livrer de la marchandise ; tous créanciers de l'endosseur du warrant peuvent faire valablement opposition sur elle, alors même que l'opposition serait postérieure en date à l'endossement, etc.

La transcription n'est exigée que pour le premier endossement, mais le porteur du warrant a toujours intérêt à se faire connaître du porteur du récépissé, afin d'éviter les dangers de la consignation. En fait, les endossements postérieurs au premier sont rarement transcrits.

Effets de l'endossement du warrant détaché. — Le porteur du warrant détaché est dans une situation analogue à celle du bénéficiaire d'un billet à ordre, dont le paiement serait garanti par un nantissement en marchandises. Comme lui, il a un recours personnel contre le créateur et tous les autres endosseurs de l'effet. Comme lui aussi, il peut exercer un droit de rétention sur la mar-

1. Il a pourtant été jugé que « le tiers porteur du récépissé et « du warrant, en vertu d'endossement, n'est pas tenu, pour pou- « voir exercer son privilège sur le prix de la marchandise, de « faire transcrire l'endossement sur les registres du magasin gé- « néral où sont déposées les marchandises warrantées. Cette for- « malité de la transcription n'est imposée qu'à celui qui n'est « porteur que du warrant. »
Voyez Trib. com. Rouen, 30 mars 1892 ; Rec., Mars, 28. 1. 1893.

chandise, puis faire vendre le gage, et se payer sur le prix par préférence aux autres créanciers de son propriétaire. Il y a toutefois entre le warrant et le billet à ordre garanti par un nantissement de marchandises deux différences importantes :

1° Le créancier warrantaire n'exerce point lui-même son droit de rétention. La marchandise reste toujours aux mains d'un tiers, le magasinier, qui la détient pour tous les porteurs successifs de l'effet et dans les conditions fixéees par une législation spéciale.

2° Le créancier warrantaire ne peut exercer son action personnelle contre le créancier et les autres endosseurs que si, le gage ayant été liquidé, son prix ne suffit pas à le désintéresser intégralement (Loi du 28 mai 1858, article 9).

En principe, le warrant doit être payé à l'échéance (1) ; néanmoins, le créancier peut en accepter le paiement antérieurement, et, pourvu qu'il soit régulièrement opéré, ce paiement éteint tous les droits du créancier.

Si à l'échéance le tiers porteur du récépissé n'acquitte pas le warrant, pour éviter que le créancier warrantaire n'exerce éventuellement contre lui l'action personnelle, son créateur peut remplir cette obligation. Il est alors expressément subrogé par la loi du 28 mai 1858, art. 7, *in fine*, aux droits du créancier warrantaire sur la marchandise :
« Dans le cas où le souscripteur primitif du warrant l'a
« remboursé, il peut faire procéder à la vente de la mar-
« chandise, comme il est dit au paragraphe précédent,
« contre le porteur du récépissé huit jours après l'é-

1. Sauf, bien entendu, l'hypothèse d'une consignation.

« chéance et sans qu'il soit besoin d'aucune mise en de-
« meure. » Cette décision est parfaitement équitable,
car la marchandise warrantée est, somme toute, première débitrice du warrant, son endossement était connu
de l'acheteur lorsqu'il a pris le récépissé ; on a fixé en
conséquence le prix de la vente ; refuser à l'emprunteur
qui rembourse la créance un recours efficace contre le
véritable débiteur serait enrichir injustement ce dernier
au préjudice de son cédant.

A.

*Exercice des droits du créancier sur la marchandise
warrantée.* — La loi du 28 mai 1858, art. 7, règle ainsi les
formes dans lesquelles le porteur du warrant non payé à
l'échéance doit exercer ses droits sur la marchandise :
« A défaut de paiement à l'échéance, le porteur du war-
« rant séparé du récépissé peut, huit jours après le pro-
« têt, et sans aucune formalité de justice, faire procé-
« der à la vente publique aux enchères et en gros,
« de la marchandise engagée, dans les formes et par
« les officiers publics indiqués dans la loi du 28 mai
« 1858.... »

1° *Protêt.* — Le warrant doit être protesté dans les
mêmes formes que la lettre de change. En conséquence,
l'acte est dressé le lendemain de l'échéance par un huissier ou un notaire. Il contient : transcription littérale du
warrant, des endossements, etc., la sommation de payer,
le montant de l'effet ; énonciation de la présence ou de
l'absence de celui qui doit payer ; les motifs du refus de

payer et l'impuissance ou le refus de signer. Le protêt doit être dressé au lieu où l'effet est domicilié. Le warrant est fréquemment domicilié au magasin général ; mais il peut l'être en principe dans tout autre endroit. S'il ne contient aucune indication de domicile, le protêt doit être dressé au domicile du créateur de l'effet, alors même que le récépissé aurait été endossé par lui, car le créancier warrantaire n'en connaît pas le nouveau porteur (1).

2° *Vente.* — La vente des marchandises entreposées n'est point subordonnée à l'autorisation de justice ; c'est là une exception au droit commun établie dans l'intérêt du prêteur, dont la créance est ainsi d'une exécution plus rapide, et du déposant, dont cette mesure augmente le crédit.

L'article 7 précité ordonne que la vente soit publique, aux enchères et en gros, et qu'il y soit procédé dans les formes et par les officiers publics indiqués par la loi de

1. La commission relative à la législation des protêts a, le 26 mars 1870, adopté un rapport dont nous extrayons ces lignes : « Le délai pour le protêt sera porté au troisième jour. Le porteur « devra présenter l'effet le jour de l'échéance. Le lendemain, l'effet « sera présenté par l'huissier. Le troisième jour, le débiteur pourra « réclamer l'effet chez l'huissier avant le protêt, avec la seule con- « dition de payer en sus la course. Les frais de déplacement de « l'huissier ne pourront dépasser la valeur d'une course du chef- « lieu de canton au domicile du débiteur. L'huissier devra donner « avis du protêt au tireur contre indemnité de 0,50 c., y compris « l'affranchissement. Les notaires ne pourront faire de protêts « qu'à défaut d'huissier. Les huissiers seront autorisés à avoir des « clercs assermentés ; ils ne pourront plus présenter l'effet comme « de simples encaisseurs. »

Le Parlement, retenu par d'autres soins, n'a point encore examiné cette réforme d'utilité certaine ; il faut souhaiter qu'un jour ou l'autre il en ait le loisir.

1858 sur les ventes publiques de marchandises en gros. C'est donc les courtiers inscrits qui ont, en vertu de ce texte, qualité pour faire la vente. Leur rémunération est fixée pour chaque localité par le ministre du commerce, après avis de la chambre et du tribunal de commerce ; mais dans aucun cas, elle ne peut excéder le droit établi dans les ventes de gré à gré pour les mêmes sortes de marchandises.

Il nous semble que l'article 7 vise uniquement le cas, de beaucoup le plus fréquent. où la vente, a pour objet des marchandises neuves ; si, au contraire, elle porte sur des objets usagés, par exemple sur de vieux meubles, c'est aux commissaires-priseurs qu'il appartiendra d'y procéder.

Pour le surplus, les principes généraux du droit sont applicables et on en conclut spécialement que le pacte commissoire reste interdit et que le porteur du warrant, désireux de se faire attribuer la propriété des marchandises engagées, devra solliciter l'autorisation de justice (1).

3° *Privilège du porteur du warrant.* — La marchandise

1. Relativement à la vente, le magasinier est aussi tenu de plusieurs obligations qu'énonce le décret du 12 mars 1859, art. 18 : « Sur la présentation du warrant protesté, l'administration du « magasin général est tenue de donner au courtier désigné pour la « vente par le porteur du warrant, toutes facilités pour y procé- « der. — Elle ne délivre la marchandise à l'acheteur, que sur le « vu du procès-verbal de la vente, et moyennant : 1° la justifica- « tion du paiement des droits et frais privilégiés, ainsi que du « montant de la somme prêtée sur le warrant : 2° la consignation « de l'excédant, s'il en existe, revenant au porteur du récépissé, « dans le cas prévu par le dernier paragraphe de l'article 8 de la « loi. »

liquidée, le porteur du warrant se fait payer sur le prix ; l'article 8 le déclare en ces termes : « Le créancier est « payé de sa créance sur le prix, directement et sans for- « malités de justice, par privilège et préférence à tous « créanciers, sans autre déduction que celle :

« 1° Des contributions indirectes, des taxes d'octroi « et des droits de douane dus par la marchandise ;

« 2° Des frais de vente, de magasinage et autres, faits « pour la conservation de la chose...... »

Deux privilèges priment, par conséquent, celui du por-teur du warrant :

1° Celui du fisc (contributions indirectes, octrois, douanes), pour les droits dus par la marchandise. L'ad-ministration ne pourra poursuivre le recouvrement des autres sommes pour lesquelles elle est créancière du pro-priétaire de la marchandise, que sur le reliquat du prix de vente, après que le magasinier et le porteur du war-rant (1) auront eux-mêmes exercé leur privilège. Les droits du fisc sont donc utilement restreints au profit du porteur du warrant.

2° Celui du magasinier pour frais de vente, de maga-sinage, et autres faits de conservation de la chose.

Toutes les créances de l'exploitant relatives à la mar-chandise ne sont donc point privilégiées sur celle du por-

1. Il faut dans l'espèce assimiler au porteur du warrant le por-teur du récépissé endossé en garantie. Ce principe a été dernière-ment contesté par la douane devant la justice de paix du 3° can-ton de Marseille. La décision qui l'a déboutée (9 juin 1897) est ainsi motivée :

« ...... Attendu que l'article 8 de la loi du 28 mai 1858, porte « que le créancier est payé de la créance sur le prix directement

teur du warrant. Il en est ainsi, par exemple, des frais
d'échantillonnage ou de changement de sac.

Pour les avances consenties par le magasinier sur la
marchandise, il faut distinguer : si le warrant lui a été
endossé, il sera traité comme créancier warrantaire, et le
privilège dont il jouira de ce chef, se confondra avec celui
qu'il a pour faits de conservation ; si le warrant ne lui a
pas été endossé, mais qu'il ait passé avec le déposant un
contrat de commission, il pourra invoquer l'art. 95
Co. (Trib. C. Rouen, 30 mars 1892). Dans les autres cas,
il n'aura aucun privilège.

« et sans formalités de justice, par privilège et préférence à tous
« autres créanciers, sans autre déduction que celle : 1° des droits
« de douane dus par la marchandise ; 2° des frais de vente, de
« magasinage, et autres frais pour la conservation de la chose ;
« Que cette disposition ne vise pas seulement le porteur du
« warrant ; qu'en se reportant, en effet, aux discussions et aux
« travaux préparatoires de la loi, on voit que l'article 8, conçu en
« termes généraux, a une portée générale en ce qui concerne les
« marchandises déposées dans ces magasins, visés par la loi de
« 1858 ;
« Que cette interprétation du texte est confirmée par la compa-
« raison des termes de l'article 8 avec ceux du projet primitif de
« la loi, qui portait non pas le « créancier », mais le porteur de la
« « lettre de gage. »
« Que la portée générale de l'article 8 est encore confirmée par
« les termes de la circulaire du directeur général des Douanes du
« 21 mars 1859 et par les règlements intérieurs de la Douane,
« qui autorisent les receveurs à accepter, en remplacement
« de la seconde signature exigée par les traites cautionnées, la ga-
« rantie résultant du nantissement de marchandises placées dans
« les entrepôts réels ou dans les magasins généraux ;
« Qu'il est donc certain que la loi de 1858 protège, aussi bien
« que le créancier gagiste porteur du warrant, le créancier gagiste
« nanti par la possession du récépissé ;
« Que l'objection tirée de ce que les récépissés des marchandises

En résumé, l'article 8 de la loi du 28 mai 1858 modifie l'ordre des privilèges institués par le droit commun à deux points de vue :

1° Le privilège du fisc ne prime tous les autres que sauf certaines restrictions ;

2° Le privilège du porteur du warrant, qui n'est, somme toute, qu'un créancier gagiste, prime celui du vendeur de la marchandise non payé, alors même que le créancier gagiste connaîtrait cette particularité.

A raison des privilèges du fisc et du magasinier, tout prêteur, avant d'escompter un warrant, cherche à connaître le montant des créances qui priment la sienne. Pour lui rendre la chose facile, le décret du 12 mars 1859, art. 17, dispose : « A toute époque, l'administration du « magasin général est tenue, sur la demande du porteur « du récépissé ou du warrant, de liquider les dettes et « les frais énumérés à l'article 8 de la loi du 28 mai 1858 « sur les négociations de marchandises, et dont le privi- « lège prime celui de la créance garantie sur le warrant. « Le bordereau de liquidation délivré par l'administra-

« saisies, ne seraient pas ceux prévus par la loi du 28 mai 1858, « ne saurait inspirer des doutes sur leur efficacité ; qu'ils contien- « nent, en effet, toutes les mentions essentielles voulues par l'arti- « cle 1er de cette loi, et qu'ils donnent aux créanciers, « aux noms » « desquels ils sont établis, la possession pleine et entière des « marchandises déposées dans les magasins généraux ;

« Qu'il paraîtrait, d'ailleurs, anormal que la Douane, alors que « la restriction de son privilège général a été un des motifs les plus « déterminants de la loi de 1858, pût, à raison de l'irrégularité « dont elle excipe, faire revivre ce privilège général, au lieu de le « restreindre aux droits dus par la marchandise déposée ; etc., « etc... » .

Voyez *Gazette des Tribunaux*, n° du 11-12 oct. 1897.

« tion du magasin général relate les numéros du récé-
« pissé et du warrant auxquels il se réfère. »

Une circulaire du directeur des douanes, en date du
31 mars 1859, ordonne aux préposés de fournir aux magasiniers tous les renseignements qui leur seront utiles
pour déterminer le montant des droits.

Enfin, les règlements de beaucoup d'établissements
complètent ces dispositions obligatoires pour tous.

La Chambre de commerce de Bordeaux, concessionnaire
de magasins-entrepôts fort bien achalandés, pratique la
méthode suivante. A chaque émission ou renouvellement
de récépissé-warrant, elle fait liquider d'office les frais
dus par la marchandise jusqu'à l'échéance mensuelle du
magasinage la plus proche de la délivrance du titre ; on
mentionne en même temps sur le récépissé et sur le
warrant la date du départ du magasinage incombant à
la marchandise warrantée. Ainsi, le porteur du warrant
impayé n'a à sa charge qu'un magasinage dont la durée
ne remonte guère au delà de l'émission du titre, et dont
la durée lui est révélée par sa seule inspection. Il est difficile de trouver une combinaison plus simple. De son
côté, la Compagnie des Entrepôts et Magasins généraux
de Paris, désireuse d'assurer la bonne circulation des titres
qu'elle délivre, s'est engagée vis-à-vis de la Banque de
France à limiter l'exercice de son privilège aux sommes
dues pour les six derniers mois de magasinage, sans distinguer si les warrants dont la Banque est porteur ont
été émis par ses établissements de Paris ou par ceux de
province.

De l'exercice du privilège du créancier warrantaire sur l'in-

demnité d'assurance. — La marchandise étant assurée, le créancier warrantaire peut-il exercer son privilège sur l'indemnité d'assurance ? Le droit commun le défendait jadis au simple créancier gagiste, pour cette raison que l'indemnité n'est pas le prix de la chose et que son montant n'est pas nécessairement égal ou proportionnel à la valeur de la chose ; la loi du 28 mai 1858, art. 10, dérogeait alors à ce rigoureux principe : « Les porteurs de « récépissés et de warrants ont sur les indemnités d'as- « surances dues, en cas de sinistres, les mêmes droits « et privilèges que sur la marchandise assurée. » La loi du 10 février 1889, art. 2, a généralisé cette exception et les magasins généraux sont à cet égard rentrés dans le droit commun.

L'utilité de la règle contenue dans la loi du 19 février 1889, art. 2, et dans la loi du 28 mai 1858, art. 10, est indiscutable ; il faut seulement regretter que sa portée soit insuffisante. Pour quel motif l'indemnité n'est-elle subrogée à la marchandise que si elle résulte d'un contrat d'assurances ? En quoi l'indemnité versée par une Compagnie d'assurances s'identifie-t-elle plus à la marchandise que celle accordée par l'Etat à la suite d'une émeute ? C'est avec raison que la Chambre des requêtes, interprétant restrictivement un texte exceptionnel, interdit au porteur du warrant d'exercer son privilège sur l'indemnité accordée par la loi du 7 avril 1873 aux propriétaires de marchandises en magasin général, incendiées par les insurgés. Mais c'est à tort que les textes commandent une pareille décision ; elle est inique en soi.

B.

Droit de recours du créancier warrantaire contre les endosseurs du warrant. — Si le créancier warrantaire, ayant exercé son privilège sur le prix de la marchandise ou l'indemnité d'assurance, n'est point entièrement rempli de sa créance, en sa qualité de porteur d'un titre à ordre, il a pour obtenir le surplus une action personnelle contre le créateur de l'effet et les autres endosseurs. Toutefois, ce recours n'est que subsidiaire (loi du 28 mai 1858, art. 9) et la commission du corps législatif justifiait cette dérogation au droit commun en écrivant : « C'est au prê-
« teur à n'avancer sur la marchandise qu'une somme qui
« le laisse à l'abri de toutes éventualités ; il est juste que
« l'emprunteur, qui perd la disposition de sa marchan-
« dise quand il la donne en nantissement, décharge pro-
« portionnellement son crédit ». Au surplus, la vente des marchandises entreposées est d'une exécution très simple, très rapide, et il y aurait mauvaise grâce de la part du créancier à lui préférer quand même l'exercice de son recours personnel (1).

Le recours personnel du créancier warrantaire est soumis aux mêmes règles que le recours appartenant au porteur d'un billet à ordre. L'effet est présenté le jour de l'échéance — protesté le lendemain — notification du protêt est faite à tous les endosseurs — la marchandise est

---

1. Les travaux préparatoires reconnaissent d'ailleurs au porteur du warrant le droit d'écarter conventionnellement l'application de l'art. 9.

vendue dans les 30 jours du protêt — les endosseurs sont cités dans les quinze jours de la vente. Cette procédure est organisée dans les termes suivants par la loi du 28 mai 1858, art. 9 : « Le porteur du warrant n'a de recours « contre l'emprunteur et les endosseurs qu'après avoir « exercé ses droits sur la marchandise, et en cas d'insuf- « fisance. Les délais fixés par les articles 165 et suivants « du Code de Commerce pour l'exercice du recours con- « tre les endosseurs ne courent que du jour où la vente de « la marchandise est réalisée. Le porteur du warrant « perd en tout cas son recours contre les endosseurs, s'il « n'a pas fait procéder à la vente dans le mois qui suit « la date du protêt. »

Quoique la teneur du dernier alinéa ne distingue pas entre les différents endosseurs de l'effet, on ne saurait admettre que le souscripteur puisse se prévaloir de l'inob-servation des délais pour faire déclarer le porteur du warrant déchu de son recours. En effet : 1° la distinction qu'on réclame est clairement marquée dans la première partie du texte : (« le porteur du warrant n'a de recours contre l'emprunteur et les endosseurs... »): 2° la situa-tion du souscripteur n'est pas égale à celle des autres en-dosseurs. Ces derniers n'ont reçu de leur cessionnaire la valeur du warrant qu'après l'avoir eux-mêmes boni-fiée à leur cédant ; au contraire le souscripteur s'enrichi-rait injustement s'il ne remboursait l'avance qu'il en a reçu. Il est donc conforme aux principes généraux d'ad-mettre le créancier warrantaire à exercer son recours personnel, tant contre le souscripteur que contre les au-tres endosseurs du récépissé, qui sont solidaires avec lui, pendant cinq ans à dater du jour de la vente, ou du dernier acte de procédure postérieur à la vente, s'il en existe.

De la validité de la clause de retour sans frais. — Par la convention de *retour sans frais*, les parties décident qu'à l'échéance, pour éviter les frais, le billet à ordre non payé, sera retourné sans protêt ni poursuites judiciaires au souscripteur. On discute la question de savoir si cette convention est autorisée en matière de warrants. Son intérêt est restreint, car la loi, qui fixe le minimum des formalités requises pour la vente de la marchandise, exige la confection d'un protêt. Or la vente doit précéder l'exercice du recours en garantie personnelle contre les endosseurs. Le protêt doit donc être dressé obligatoirement, sinon dans le but unique de conserver au créancier son recours contre les endosseurs, au moins pour permettre la vente des marchandises. Pour trouver à la clause de retour sans frais une utilité, il faut prévoir le cas où les parties auraient stipulé que le porteur du warrant pourrait exercer son action personnelle contre les endosseurs sans procéder préalablement à la réalisation du gage ; nous avons entendu professer qu'il n'y a pas alors de raison pour contester la validité de cette convention (1).

§ 6. — **Des impôts établis sur la création et la circulation des récépissés et des warrants.**

Il est perçu à l'occasion de la création et de la circula-

1. En ce sens, voyez M. Lyon-Caen, à son cours ; voyez aussi MM. Lyon-Caen et Renault, *Traité de Droit Commercial*, Tome III, p. 278 et 279. — *Contrà*, Alauzet, T. II, n° 806,

tion des récépissés et des warrants des impôts de deux
sortes :

1° Des droits de timbre ;

2° Des droits d'enregistrement.

Le recouvrement de ces taxes est opéré par l'administration de l'enregistrement.

I. *Droits de timbre.* — Aux termes de l'art. 13 de la
loi du 28 mai 1858, les *récépissés* doivent être timbrés. On
leur applique donc le timbre de dimension extraordinaire
(Loi du 13 brumaire an VII, art. 12 (1). Le droit de timbre étant dû par tout déposant, à raison de la délivrance
du titre, et alors même qu'il n'userait pas de la faculté
de l'endosser, les docks font timbrer tous leurs récépissés avant de savoir quels en seront les premiers porteurs,
et quelle sera la valeur de la marchandise pour laquelle
ils serviront.

Warrants. — La loi du 28 mai 1858, art. 13, al. 2 déclare:
« Sont applicables aux warrants endossés séparément
« des récépissés, les dispositions du titre Ier de la loi du
« 5 juin 1850 et de l'article 69, § 2, n° 6 de la loi du 22
« frimaire, de l'an VII ».

En conséquence :

1° Le warrant qui n'est pas endossé séparément du
récépissé ne paye aucun droit de timbre.

1. On sait que la loi fondamentale sur le timbre, qui date du
3 brumaire an VI, distingue trois sortes de timbres :

1° Les timbres de dimension ;

2° Les timbres proportionnels ;

3° Les timbres spéciaux.

— Le timbre du récépissé est dit extraordinaire, parce que le
papier du récépissé est fourni par l'administration du magasin et
non par l'État.

2° Le warrant endossé séparément du récépissé est soumis aux mêmes droits de timbre que les effets de commerce (1) (0,05 cent. par 100 fr. jusqu'à 1.000 fr.; et au-dessus de 1.000 fr. 0,50 cent. par 1.000 fr.) (Loi du 22 décembre 1878, art. 1, et 28 juillet 1881, art. 5, al. 2). Le timbre du warrant est donc proportionnel. Depuis 1862, le visa pour timbre dont parle la loi de 1858, article 13, est remplacé par le timbre mobile. Il doit être apposé sur l'effet au-dessus du premier endossement et oblitéré au moment de l'endossement par le premier endosseur. Les acquits inscrits sur les warrants sont dispensés du droit de timbre.

L'inobservation de ces règles peut entraîner l'application de peines rigoureuses contre le magasinier, les signataires, le bénéficiaire et les encaisseurs du titre :

1° Contre le magasinier. L'art. 13, al. 3 de la loi du 28 mai 1858, est ainsi conçu : « L'endossement d'un « warrant séparé du récépissé, non timbré ou non visé « pour timbre, conformément à la loi, ne peut être trans-« crit ou mentionné sur les registres du magasin, sous « peine, contre l'administrateur du magasin, d'une amende « égale au montant du droit auquel le warrant est sou-« mis ». Les registres du magasinier sont contrôlés par les préposés de l'enregistrement (2).

2° Contre les endosseurs, porteurs, encaisseurs du warrant, peuvent être prononcées les amendes et déchéances instituées par la loi du 5 juin 1850, art. 4.

1. Cette mesure atteint également le récépissé endossé en garantie.

2. Voyez page 79 : Comptabilité des docks.

Amendes. — Les endosseurs, porteurs, encaisseurs du warrant non timbré sont frappés d'une amende de 6 0/0 du montant du titre. S'il a été apposé un timbre sur l'effet, mais qu'il soit insuffisant, l'amende n'est due que dans la proportion de son insuffisance.

Déchéances. — Le porteur d'un effet de commerce non timbré est considéré comme négligent et perd de ce chef, son recours contre les endosseurs. On lui refuse même le droit d'agir contre le souscripteur, si ce dernier a fait provision. Par application de ce principe, le porteur du warrant perd son recours contre tous les endosseurs du titre, moins le premier. De plus, alors même qu'une convention excluerait le protêt et les poursuites judiciaires, le porteur ne pourrait agir contre le premier endosseur qu'après avoir fait vendre la marchandise dans les formes prescrites par la loi.

II. *Droits d'enregistrement.* — Les récépissés et les warrants, étant des actes sous-seing privé, ne sont soumis au droit d'enregistrement que lorsqu'ils sont mentionnés dans un acte public, produits en justice ou devant une autorité constituée.

Le droit d'enregistrement du récépissé est fixe : 1,50 (art. 13 loi du 28 mai 1858 et art. 4, loi du 28 février 1872). C'est par faveur que l'endossement du récépissé, qui constitue une transmission de propriété, n'est point, de ce chef, soumis au droit proportionnel de 2 0/0.

Le droit d'enregistrement du warrant est proportionnel : 0,50 par 100 fr. conformément aux règles relatives à l'enregistrement des effets de commerce.

III. *Les warrants et l'impôt sur le revenu des valeurs mo-*

bilières. — La loi du 29 juin 1872, art. 1ᵉʳ, est ainsi conçue : Art. 1ᵉʳ : « Indépendamment des droits de timbre
« et de transmission établis par les lois existantes, il est
« établi à partir du 1ᵉʳ juillet 1872, une taxe annuelle et
« obligatoire :

« 1º Sur les intérêts, dividendes, revenus et tous au-
« tres produits des actions de toute nature des sociétés,
« compagnies et entreprises quelconques : financières,
« industrielles, commerciales ou civiles, quelle que soit
« l'époque de leur création.

« 2º Sur les arrérages et intérêts annuels des emprunts
« et obligations des départements, communes et établis-
« sements publics, ainsi que des sociétés, compagnies et
« entreprises ci-dessus désignées... »

Faisant application de ce texte, la Cour de cassation
(Chambre civile) décida dans un arrêt du 29 octobre
1894, qu'une société anonyme qui détache un warrant et
l'endosse seul, contracte aux termes de la loi du 28 mai
1858 un emprunt sur gage, dont les intérêts sont passibles de la taxe sur le revenu des valeurs mobilières.

Cet arrêt provoqua de vives réclamations. Déjà, le
jugement du Tribunal civil de la Seine, en date du 31 juillet 1891, que l'arrêt précité confirmait, avait mis en éveil
le monde commercial ; la Chambre de commerce du
Havre, s'était élevée contre les prétentions du fisc, et
plusieurs autres avaient appuyé cette manifestation (1).

---

1. Voyez. *Lettre de la Chambre de commerce du Havre* du 13 juil-
let 1892, traduisant le rapport verbal qui avait été présenté à cette
Chambre par un de ses membres. — La place du Havre est celle de
France où la circulation des warrants est la plus active.

L'arrêt du 29 octobre 1894 doubla l'émotion générale. L'enregistrement ayant mis vingt années à découvrir que les sociétés qui empruntent sur warrants, sont passibles de l'impôt sur le revenu des valeurs mobilières, lorsque la jurisprudence en admit le principe, on la soupçonna d'être la complice du fisc, et, sous l'apparence d'appliquer une loi existante, de se prêter à la création d'un impôt nouveau, que le législateur de 1872 n'avait même pas prévu (1). Avec sa magistrale autorité, M. l'avocat général Desjardins démontra que la solution finalement adoptée par la cour régulatrice, était la seule juridique, la seule conforme à sa jurisprudence, et que s'il fallait regretter le retard apporté dans son application, elle n'en était pas pour cela moins légale (2).

I. En effet, un arrêt de la Chambre civile du 24 juillet 1883 avait implicitement jugé la question : « Les disposi-
« tions de la loi du 29 juin 1872, disait-il, embrassent,
« pour les soumettre à l'impôt, non seulement les obli-
« gations proprement dites, émises à la suite d'un em-
« prunt par une société commerciale ou civile, mais en-

1. Voyez la délibération de la *Chambre de commerce de Roanne* en date du 11 déc 1895 : « ...... Après plus de vingt ans, l'adminis-
« tration du fisc veut modifier l'interprétation de la loi de 1872 et
« imposer non plus le revenu, mais le chiffre d'affaires, non plus
« le capital mobilier, mais bien le travail lui-même, ce qui est as-
« surément contraire à l'esprit de la loi. En laissant l'adminis-
« tration se maintenir dans cette voie, ne faut il pas craindre de
« voir imposer aussi les traites et les effets présentés journelle-
« ment à l'escompte par des sociétés anonymes ou par des parti-
« culiers ?...... »
Voyez aussi la *délibération de la Chambre de commerce de Lyon* en date du 7 novembre 1895 (Rapport de M. Gabriel Lyonnet).
2. Voyez Dalloz, J. G., 95. 1. 25 et s.

« core les simples emprunts de même origine, même non
« représentés par des obligations négociables, c'est-à-dire
« toutes opérations au moyen desquelles une société com-
« merciale ou civile se procure d'une manière quelcon-
« que, par souscription publique ou autrement, les fonds
« dont elle a besoin ».

La conclusion logique et nécessaire de cette argumentation doit, dans le cas qui nous occupe, se formuler
ainsi : le premier endossement du warrant renferme
tous les éléments d'un contrat de prêt et n'est que la
réalisation d'un emprunt sur gage. Lorsqu'il est effectué
par une société, les intérêts dudit emprunt sont donc passibles de la taxe sur le revenu des valeurs mobilières (1).
Certes, il est permis de croire que la rédaction de l'article 1er est vicieuse, que jamais on n'a eu l'intention de
taxer le warrantage ; l'obscurité des termes définissant
la matière imposable, est l'habituel défaut de notre législation fiscale ; mais, malgré tout et à raison de l'extrême
compréhension du texte, le warrantage est atteint par
lui, comme toute autre forme d'emprunt.

II. On réplique : l'article 1er parle d' « intérêts annuels ».
Or, il est d'un usage constant que l'échéance du warrant
soit portée à quatre-vingt-dix jours de son émission. Il
n'y a donc pas dans l'espèce d' « intérêts annuels ». Pure
querelle de mots. Pour le calcul des intérêts, la pratique
commerciale trouve un grand avantage de simplification à
diviser l'année en trois cent soixante jours. Quatre-vingt-

1. *A contrario*, les endossements ultérieurs du warrant, ne constituant que de simples opérations d'escompte, ne sauraient être
soumis à la taxe (arrêt 20 oct. 1894).

dix jours forment par conséquent un trimestre complet, le quart d'une année, et c'est l'intérêt annuel de la somme prêtée qui servira de base pour le calcul des intérêts à bonifier au prêteur, premier bénéficiaire du warrant. Il existe donc un rapport évident entre l'annualité de l'intérêt et le montant de ceux qui, additionnés au capital emprunté, constitueront le montant du warrant. Cela suffit pour que la loi de 1872 leur soit applicable (1).

III. On dit encore : la loi de 1872 n'a point compris dans ses prévisions les opérations de banque ; celles-ci constituent un commerce, et il faut gêner le moins possible l'essor du commerce. La première affirmation mérite d'être prouvée. Sans doute, on doit protection au commerce, comme à l'agriculture d'ailleurs, et à toutes les grandes fonctions étatiques. « Il serait bien plus commode, ajoutait « M. l'avocat général Desjardins, qu'aucune catégorie de « contribuables ne payât l'impôt... Pour nous, nous de- « vons analyser les contrats, pénétrer leur nature juridi- « que, nous abstenir rigoureusement de toute assimila- « tion, mais appliquer là où nous rencontrons assuré- « ment le prêt à intérêt, les règles fiscales qui visent le « prêt à intérêt ».

1. La Cour de cassation (Ch. civile) avait déjà décidé dans un arrêt du 3 avril 1878 : « Il importe peu que les bons et par consé- « quent les intérêts qu'ils comportent soient quelquefois paya- « bles à des termes plus courts qu'une année ; quelle que soit la « durée de l'emprunt, et alors même qu'elle est moindre qu'une « année, l'intérêt qu'il comporte est toujours calculé d'après l'in- « térêt annuel, dont il est une fraction, ce qui suffit pour qu'il « doive être atteint par la loi qui établit un impôt sur l'intérêt an- « nuel des titres dont il s'agit. » Ce qui est vrai des bons est également vrai du warrant.

Étant donné l'état de la question en 1894, nous n'aurions pu à cette époque que nous rallier à l'avis de M. l'avocat général Desjardins et à la décision de la Cour suprême. Depuis, les réclamations vives et réitérées du commerce ont eu la bonne fortune d'être entendues et appréciées par les pouvoirs publics. Il fallait un texte pour soustraire les warrants émis par une société commerciale à l'application de la loi du 29 juin 1872, ce texte existe aujourd'hui, c'est la loi de finances du 28 décembre 1895, ainsi conçu : « La loi du 29 juin 1872 n'est pas « applicable aux avances faites aux sociétés au moyen « d'endossements de warrants. »

Et voilà comment le moindre article de loi calme les plus grosses tempêtes judiciaires.

§ 7. — De la prescription.

En l'absence de règles spéciales, toutes les actions appartenant au magasinier, au déposant ou à leurs ayants droit, à raison du magasinage se prescrivent par trente ans.

Cette règle ne souffre qu'une exception. On a vu plus haut que le warrant doit être assimilé au billet à ordre toutes les fois que cela est possible ; or, les recours concernant le billet à ordre se prescrivent par cinq ans ; il faut donc pour les warrants en décider de même ; avec cette différence déjà signalée, que la prescription quinquennale commence à courir du jour de la vente ou du jour du dernier acte de procédure postérieur à la vente, et non du jour du protêt.

Nous terminons avec ce chapitre l'exposé de l'organisation légale des magasins généraux. Il faut conclure de notre étude que la loi n'est point un instrument d'innovation, et que l'intervention du jurisconsulte n'est profitable qu'autant qu'on la réclame. Inspiré par la contemplation du commerce anglais, émerveillé par l'ingénieuse installation de ses docks, il décida que la France aurait, elle aussi, des magasins généraux, et qu'elle y trouverait les mêmes bénéfices que ses voisins, comme s'il était possible de transplanter les institutions, et d'unifier les mœurs, même commerciales. Ayant fait le cadre, il s'en remit à la pratique du soin de le remplir. Le moindre danger était qu'on aboutît à la confection d'une loi inutile, simple pâture pour les chercheurs studieux dans le silence respectueux des bibliothèques. D'ailleurs, le premier essai ne fut pas heureux. On se reprit. Vint la grande floraison de l'industrie et du commerce au milieu du siècle. Toutes les activités furent employées ; la mode était aux choses nouvelles ; les préjugés tombaient ; un courant s'établit, et l'institution s'acclimata ; non brusquement, ainsi qu'on l'espérait, mais avec progression, jusqu'à conquérir sa vraie place.

Pour être tôt venue, l'œuvre n'en a pas moins d'indiscutables mérites. C'est elle qui a mis au monde nos docks, qui a guidé leur développement, qui maintient encore leur maturité débordante, et si l'on songe qu'en quarante années, malgré le tourbillon du présent, où chaque jour marque une étape, elle n'a subi qu'une retouche, on sera tenté de souhaiter à d'autres lois excellentes un semblable respect. Elle le doit à deux qualités dominantes, hors desquelles il n'y a pas de bonne loi commerciale : la souplesse et la simplicité. Aux affaires les plus compliquées, elle offre l'agencement le plus réduit et le plus facile, qui n'embarrasse rien et qui suffit à tout ; elle ne s'est pas mesurée aux usages, mais les usages ont pu se mesurer à elle ; ses auteurs ont deviné juste. On leur impute des imperfections, plus précisément des lacunes ; il est équitable d'ajouter que les mœurs et la jurisprudence les ont assez commodément comblées, et aussi, que par une juste et stricte observation des textes, on eut largement protégé les tiers et conjuré les désastres qui ont fait appeler des réformes. Celles-ci paraissent momentanément écartées. On y viendra pourtant, car on ne saurait éluder l'évolution permanente des mondes. Mais lorsque, sous la poussée d'internationalisation légale, on frayera l'avenir, on ne saurait oublier sans injustice le progrès qu'a fixé notre législation de 1858, au génie si clairement français.

CHAPITRE IV

DE LA VENTE DES MARCHANDISES EN MAGASIN GÉNÉRAL (1).
LE MAGASIN GÉNÉRAL ET LA BOURSE

SOMMAIRE

La vente. — Limitation du rôle du dock en matière de vente.

§ I. — *Vente en disponible.* — Ventes publiques. Règles générales. Ventes publiques à l'étranger. — En France. — Inconvénient des restrictions (citations). Vente privée et vente publique. — Avantages de cette dernière. Comment le développement du dock est lié au développement des ventes publiques de marchandises en gros.

§ II. — *Ventes à livrer.* — Marchés à terme. Projets de réforme. Utilités multiples des marchés à terme. Réduction du risque. Fermeté des cours. Rapport de la spéculation à la production. Report sur marchandises. — Organisation des Bourses de commerce. — Paris. Réglementation du marché.

Rôle du dock dans le fonctionnement du marché : 1° Détermination des existences ; — 2° Classement des marchandises, échantillonnage, conservation (Importance de cette tâche) ; — 3° Exécution des engagements. Visa des filières, etc. Conclusions.

La vente est la finalité du commerce ; le produit fait son objet. Du manufacturier qui l'achève au consomma-

1. Il existe à Paris des établissements qui, sous le nom de docks, entrepôts, maisons de **warrants**, de consignation, et autres

tour qui l'anéantit, la chose est préparée, on la trans-
porte, on la conserve, on la classe, on la présente, on la
discute, on la cote (échantillonnage, dégustation, essai),
des intermédiaires variés s'emploient autour d'elle : commissionnaires, courtiers, agents de change, facteurs, banquiers, experts ; mais toutes ces interventions sont con-
tingentes : une seule opération les motive, les résume et
les concentre : la vente.

L'acte s'unifie dans son but ; sa forme s'assouplit jusqu'à la plus extrême diversité ; la difficulté du fait pro-
voque généralement, outre un dédoublement qui répar-
tit les responsabilités, l'usage de modalités infinies. Aussi
distingue-t-on spécialement :

1° Ventes en gros, demi gros et détail ;

2° Marché en disponible et marché à terme.

Par là nous préciserons le rôle du dock en matière de
vente. En dehors de toutes les préparations qu'elle nécessite, il collabore à l'opération elle-même, sous cette
double limitation que, d'une part, l'importance des stocks
entreposés exclut toute tentative de placement au détail,
et que, d'autre part, son action est différente suivant que
la marchandise est offerte en disponible ou à livrer.

dénominations analogues, font en détail le commerce de meubles
meublants, tissus, liquides en fûts et en bouteilles, conserves
alimentaires, objets d'art, etc., etc. Leurs prospectus cotent les
marchandises à bas prix, et déclarent qu'elles proviennent de sai-
sies-warrants, d'abandons en douane, etc., etc. Il est permis de
croire qu'au moins pour une portion du stock, cette affirmation
n'est qu'un artifice de réclame.

§ 1. — Vente en disponible des marchandises en magasin général.

Au magasin général est ordinairement annexée une salle de ventes publiques, qui forme son complément nécessaire. Les ventes y sont volontaires ou forcées ; il y est procédé par le ministère des courtiers inscrits, suivant les règles établies par la loi du 28 mai 1858 sur les ventes publiques de marchandises en gros, et par le décret du 12 mars 1859 concernant les ventes publiques et les magasins généraux. Les marchandises sont adjugées aux enchères et le prix est payé comptant.

Les ventes de marchandises sont libres en Angleterre ; elles y ont pris une importance capitale et contribuent tout particulièrement à la situation prépondérante du commerce anglais. C'est que les docks y sont largement ouverts au public. Acheteurs et vendeurs visitent les stocks durant la journée entière, les examinent, les comparent, les estiment, l'offre en disponible est facilement déterminée, et comme les ventes sont très suivies, l'importateur est à peu près certain de rentrer lorsqu'il le voudra dans la valeur courante du produit, quel qu'il soit, sans avoir à le tirer d'entrepôt.

Il s'en faut de beaucoup qu'en France, la situation soit identique. La plupart des économistes en accusent les restrictions apportées à la liberté des ventes publiques ; ils prétendent que c'est mal connaître les intérêts du négoce que d'en avantager certaines branches par des réglementations ; que s'il est dangereux d'attenter à la liberté du travail, il ne l'est pas moins d'attenter à la liberté des transactions, que l'une est le corollaire de l'autre, et qu'il n'y a de succès possible pour le manufacturier comme pour le commerçant, qu'à la condition que l'écoulement du produit soit libre à l'égal de sa fabrication (1). On ajoute que par incidence nos magasins généraux en souffrent. L'industriel prêt à leur confier ses marchandises dans l'espérance qu'ils aideront à leur placement les conservera, s'ils sont incapables de lui rendre ce service, ou mieux, les adressera au commissionnaire, avec le risque de laisser une partie des bénéfices à cet intermédiaire coûteux qui devrait être inutile (2). La vente publique aux

1. Voyez Alix Sauzeau : *Manuel des Docks*, p. 1 à 15.
2. Voy. sous la signature de G. François : *Dictionnaire d'Economie politique* de Léon Say : au mot *Magasins généraux*, in fine :
« ...... Pour que les Magasins généraux puissent rendre en France
« les mêmes services qu'en d'autres pays et surtout en Angleterre,
« il serait indispensable de modifier le régime des ventes publiques
« de marchandises neuves, d'où résulterait certainement un emploi
« du warrant tout autre que celui qui en est fait actuellement ».
Voyez aussi *Siméon Lisse*, régisseur général des entrepôts de la Chambre de commerce de Bordeaux. *Vade-mecum du négociant, du banquier et du magasinier* (ouvrage publié par la Chambre de commerce de Bordeaux, p. 50 : « Par lettre cir-
« culaire en date du 13 février 1889, Monsieur le Ministre du
« Commerce et de l'Industrie consulta les Chambres de commerce
« sur les modifications qu'il pourrait y avoir lieu d'apporter à la
« législation qui régit les ventes publiques. Nous ignorons l'opi-
« nion dominante de l'ensemble des réponses ; nous savons tou-
« tefois que la Chambre de commerce de Bordeaux signala au mi-
« nistre, entre autres modifications, la nécessité de supprimer les
« proscriptions trop étroites sur l'origine des ventes publiques,
« d'adoucir les formalités fiscales auxquelles elles sont assujetties
« et d'éviter les distinctions arbitraires qui président dans la légis-
« lation actuelle, soit à la dénomination des marchandises dont la

enchères paraît en effet être, à beaucoup de points de vue,
le meilleur mode de réalisation applicable aux marchandises en gros. Il est vrai que la vente privée a ses avantages ; les parties y taillent le contrat à leur fantaisie,
l'offre s'y adapte mieux aux exigences de la consommation ; mais elle a aussi ses inconvénients. Par définition,
la vente privée est exclusive de tout marché public, la
valeur courante y est donc d'une détermination presque
impossible ; le vendeur ne peut régler son offre que sur
son prix de revient, l'acheteur ne peut régler sa demande
que sur les besoins de sa consommation personnelle ; l'a-
cheteur court le danger d'acheter trop cher, le vendeur
de vendre trop bon marché ; la vente privée se confine
donc dans les opérations de détail. Au contraire, l'acheteur en gros n'est point un consommateur ; il n'achète que
pour revendre ; la marchandise n'a pour lui qu'une valeur
égale à celle qu'elle aurait pour son concurrent, d'où la
nécessité d'un marché public. Où pourrait-il être mieux
situé qu'auprès du magasin général ? Chaque jour les produits sortant de fabrication s'y concentrent avec d'autant
plus de régularité que le prix du transport s'abaisse et
que le magasinage, largement pratiqué, est plus économique. On les examine, on les pèse, on les série, on se ren-

« vente publique est autorisée, soit à l'importance de la valeur
« des lots. La Chambre de commerce estimait qu'on pouvait sans
« danger pour le commerce de détail élargir graduellement sui-
« vant les besoins qui pourraient être constatés le tableau des
« marchandises susceptibles de donner lieu à des ventes publi-
« ques, et abaisser d'une manière générale à cent francs le mini-
« mum des lots ; mais elle ajoutait qu'au-dessous de cette limite
« la vente perdrait son caractère de vente en gros et atteindrait
« fâcheusement le commerce de détail déjà bien éprouvé. »

seigne sur l'offre et la demande ; la vente et l'achat prennent position et, les enchères ayant circonscrit le débat,
l'adjudication les accorde.

I. — La vente aux enchères a donc pour premier effet
de régulariser le cours du disponible. Grâce à la puissance attractive que les marchés exercent entre eux, il se
dégage bientôt des négociations effectuées sur les places
diverses un cours moyen général qui guide les affaires.

II. — Cet effet n'est point le seul. La forme de la vente
(enchères, payement au comptant, etc.), sa large publicité, garantissent au vendeur la concurrence d'acheteurs
nombreux et sérieux, ainsi que la mise en œuvre de toutes conditions propres au bon placement des stocks. Suivant les résultats, il pousse ou modère sa fabrication.

III. — L'acheteur traite sur la marchandise ; il a l'a-
vantage de pouvoir la vérifier scrupuleusement

IV. — Tout intermédiaire étant supprimé, le prix de
vente en est réduit et le public qui, finalement, ressent
le contre-coup de toute combinaison commerciale, profite
de cette économie. En payant moins cher, il augmente
sa consommation.

Il faut donc souhaiter que les ventes publiques reçoivent une extension digne de leur utilité, et qu'on vienne,
avec toute la prudence qui doit caractériser les innova-
tions juridiques, à leur accorder cette liberté qui est la
conséquence naturelle de leur principe bienfaisant. Mais
la question nous intéresse surtout à un point de vue
plus spécial. Veut-on favoriser le développement des
docks ? Il ne s'agit point pour cela de perfectionner l'organisme lui-même, de ciseler son cadre juridique, d'en-

grener ses rouages par des prescriptions avisées ; plus que le législateur, le négociant à l'esprit subtil, il s'en chargera bien, et si les textes montrent quelque lacune, la jurisprudence avec l'aide du droit commun y pourvoiera. Ayant créé l'institution, il importe d'en faciliter l'usage ; les statues ne sont pas faites pour le garde-meuble. Le magasin général s'alimente au courant normal des affaires ; sa prospérité dépend de la continuité de la production et de la régularité dans les transactions. Voulez-vous favoriser les docks ? Organisez la vente.

§ 2. — Marchés à terme de marchandises.

Malgré les mérites incontestés de la vente publique de marchandises en gros, sa mission commerciale est forcément restreinte au disponible. Le champ des transactions est plus étendu. Au marché au comptant se superpose le marché à terme ; à la salle de ventes, la bourse de marchandises ; le magasin général n'y est point étranger.

Dans ces dernières années, on a beaucoup incriminé le marché à terme. Plusieurs honorables membres du Parlement ont épousé la querelle de ses adversaires, et l'un d'eux, républicain modéré, M. Rose, en demande purement et simplement la suppression (1). La mesure est radicale ; nous douterions de son succès, nous doutons plus encore de son adoption, car si le marché à terme est l'instrument d'une spéculation qui porte parfois un préjudice sérieux à la production, la production l'emploie elle-même

1. Voyez l'entrefilet du *Journal des Débats*, nᵒ du 31 mars 1897. *Les marchés à terme et la loi.*

en dehors de tout agiotage et avec le plus grand profit, pour assurer les bases de ses opérations et diminuer son risque.

Il faut aller plus loin. La spéculation a sur le marché une salutaire influence. Le grand public, mal renseigné, dérouté par la complication et l'aspect relativement nouveau des affaires qu'on y traite, terrifié aussi par les désastres financiers et sociaux que leur extrême abus a très partiellement et très indirectement provoqués, croit encore que la spéculation a pour effet principal d'accentuer ses oscillations. C'est peut-être le but individuel du spéculateur, qui cherche la différence, mais sauf des exceptions heureusement assez rares, l'effet général est tout contraire. Par définition, la spéculation prévoit la production future, et son influence est calmante et modératrice. Une crise énerve-t-elle le disponible, la spéculation a pour fonction d'escompter l'avenir, qui doit le plus souvent rétablir l'équilibre, amener la consommation des stocks surabondants, ou multiplier les stocks insuffisants; elle soutient les cours ou elle les contient; elle est la conscience du marché. Au surplus, il existe entre la production et la spéculation dans les Bourses de commerce un rapport, qu'il ne nous est pas facile de préciser, et qui résulte de ce que le spéculateur est presque toujours un producteur. La spéculation et la production se prêtent dans ses affaires un mutuel appui. Le produit hausse-t-il en disponible ; la spéculation verse ses stocks à la production qui se force. Le disponible est-il lourd ; la matière première et le produit manufacturé sont abandonnés au spéculateur qui les pousse. Et ainsi se perfectionne le passage de la marchandise dans le commerce de distribution et la mise en œuvre des forces productrices.

Enfin, le capitaliste lui-même profite de la spéculation. En engageant ses fonds pour soutenir le spéculateur, il leur trouve un emploi productif et sans risques, sous la forme du report sur marchandises (Voy. ch. V, § 4 — A.)

La spéculation sur marchandises a pour théâtre les *Bourses de commerce.* Chacune d'elles a son règlement adapté à la spécialité de ses affaires et principalement à la nature des produits sur lesquels on y traite. A Paris, les transactions portent presque exclusivement sur les blés, avoines, seigles, fécules, farines, alcools, sucres et huiles. Un marché particulier a été créé pour chacune de ces marchandises (1). Peuvent seuls y prendre part les négociants domiciliés et patentés à Paris et inscrits sur la liste des adhérents à ce marché, qui est affichée à la Bourse de commerce. Les adhérents de chaque marché sont constitués en syndicat. Il existe un syndicat général du marché de Paris. Les syndicats ont leur siège à

1. On ne saurait être mieux renseigné sur ces différents marchés, sur leur organisation et leur fonctionnement, que par leurs réglements. Tous ont été récemment réédités (Imprimerie de la Bourse de Commerce, 33, rue Jean-Jacques-Rousseau).

Vins. — Le marché des vins n'est point encore organisé, mais on parle beaucoup de sa prochaine création. A l'entrepôt de Bercy se tient une réunion de négociants qui, sur des renseignements nombreux, dresse une cote qui n'a rien d'officiel. On nous assure qu'elle est fréquemment un peu au-dessus du cours exact. Nous rappelons ici que la Halle aux vins et l'entrepôt de Bercy ne sont autre chose que de vastes enceintes appartenant à la ville de Paris, soumises au régime de l'entrepôt réel et couvertes de chais que la municipalité loue aux négociants.

la Bourse de commerce; ils sont administrés par une commission choisie en assemblée générale parmi les adhérents, qui nomme elle-même son président, son vice-président, son trésorier, pris dans son sein, et s'adjoint, en outre, un secrétaire qui aide à ses travaux. La commission syndicale a pour principale fonction de donner son avis dans toutes les contestations qui peuvent s'élever relativement au règlement, à son interprétation, à la transmission des filières et à la livraison des marchandises. Elle détermine les types, surveille les expertises, etc. Le règlement est voté par l'assemblée générale des adhérents. Il a une importance considérable. La situation respective des contractants étant presque toujours analogue, la multiplicité des affaires rendant impossible la rédaction d'un *instrumentum* particulier pour chacune d'elles, la prospérité du marché dépendant de la sécurité des transactions, le règlement y pourvoit; il fixe un modèle de contrat que les parties devront adopter (1), et plus largement, organise le marché.

C'est par là que le magasin général se rattache aux Bourses de commerce. Toute bourse de marchandises a nécessairement pour auxiliaire un magasin général. Ce dernier lui rend de multiples services :

1° Il facilite la détermination des existences. Périodiquement, le relevé de ses entrées et sorties est communiqué au commerce. Le télégraphe apporte ceux des docks éloignés, les mouvements enregistrés par les douanes, etc., et, sur toutes ces données, la spéculation règle sa

1. Voyez le modèle de marché des sucres blancs, en tête du règlement.

tactique. A Paris, les seules livraisons considérées comme régulières par les règlements des marchés sont celles qui portent sur les marchandises gardées par la Compagnie des Entrepôts et Magasins généraux et acceptées par les commissions d'expertises. On peut donc déterminer avec la dernière précision les unités qui sont susceptibles de constituer éventuellement l'offre (1).

2° C'est presque toujours le dock qui a la charge délicate de classer la marchandise et de l'échantillonner. Dans le Nord Dakota (Amérique) les différents types de blé sont arrêtés par une commission d'état. Leur collection forme le Nord Dakota Grade. Dès leur entrée à l'élévator, les céréales sont classées par des inspecteurs, fonctionnaires publics; le mélange des différents types est ensuite absolument prohibé. Chaque semaine on publie une statistique des existences à l'élévator (2).

1. Nous citons à titre d'exemple le *règlement du marché des farines douze marques*, art. 75 : « Une comptabilité spéciale des fari-
« nes Douze-Marques est tenue dans chaque entrepôt. Elle est
« centralisée au secrétariat de la commission où les entrepositai-
« res adressent, chaque jour, une feuille de mouvement et en ou-
« tre, trois fois par mois, le 1er, le 10 et le 20 le relevé de leurs
« stocks en farines Douze-Marques.

« Lorsqu'un lot de farine est reconnu non livrable, l'entreposi-
« taire est tenu, d'après l'avis porté à sa connaissance par la
« Commission, d'en faire mention sur le livre du magasin où la
« marchandise est déposée ».

2. Voyez : *Claudio Jannet : Le capital, la Spéculation et la Finance, au XIX° Siècle*, p. 230.

Sur l'importance et la difficulté de l'échantillonnage (cotons), voyez aussi : *Olivier Senn ; Liquidation des marchés à terme* (Thèse du Doctorat 1888) *passim*.

En Russie, où le classement des céréales n'est point organisé, l'agriculture en souffre beaucoup.

Toutes les marchandises offertes à la Bourse du commerce de Paris ont été préalablement examinées et admises par des commissions spéciales. Le magasin général (Compagnie des Entrepôts et Magasins généraux de Paris) concourt à l'échantillonnage et à l'expertise des stocks Il prélève l'échantillon (le déposant ne saurait prétendre au droit de le choisir lui-même), le remet aux experts avec indication du magasin et de l'emplacement où le stock a été déposé, et prend note de la décision des experts, qui est sans appel (1). Si le produit accepté subit postérieurement un déplacement ou un mélange, il doit en avertir la commission syndicale.

La commission syndicale exerce sur les stocks admis à son marché une surveillance rigoureuse. A chaque instant, ses représentants parcourent les docks, pièces en mains, vérifient les marchandises et s'assurent qu'aucune substitution n'a été opérée. Elle impose au magasinier et au déposant le mode de conservation qui lui paraît le plus convenable. — Les céréales doivent être entreposées en couches ; les sacs de farine en piles, cul sur gueule, etc. Les sacs contenant les farines acceptées sont plombés à l'estampille de la commission, ce qui garantit contre toute substitution de marchandise. Le magasinier les surveille

1. Naturellement, l'expertise de chaque produit a ses règles particulières. Voyez, pour les farines Douze-Marques, articles 18 à 39 du règlement. *Très intéressant.*

Pour les seigles.	— Règlement,	Titre IV.	
Pour les avoines.	—	id.	id.
Pour les sucres blancs.	—	id.	Titre III.
Pour les fécules.	—	id.	Art. 7, 8°.
Pour les blés	—	id.	Titre IV.

on pratiquant des sondages (1). — Par exception, les huiles offertes au marché de Paris ne sont soumises préalablement à aucune expertise. L'art. 9 du règlement porte seulement que : « Le marché a pour base l'huile de « colza pure, saine, claire et de bon goût, de graines de « toute provenance, ayant une densité égale ou inférieure à « celle de l'huile de colza indigène, en tous fûts, etc.... » On sait que les huiles du Marché de Paris sont ordinairement mélangées à l'entrepôt dans de grandes cuves, sans distinction de propriétaires (2). A la sortie, le déposant ne peut exiger que la restitution d'un produit semblable en qualité et égal en quantité à celui qu'il a versé.—L'échantillonnage et le classement des cotons a donné lieu à une réglementation spéciale. Le grand marché français des cotons est au Havre.

Toutes les mesures par lesquelles on organise les marchés à terme, ont leur importance, et celles qui maintiennent la qualité des stocks à livrer sont particulièrement utiles. Par elles, les Bourses de commerce se distinguent des tripots vulgaires où les malfaçons servent de pivot à une spéculation pernicieuse, au grand détriment du travail normal et respectable ; elles assument leur véritable rôle, à la tête de toutes les institutions commerciales et industrielles dont elles équi-

1. Voyez à titre d'exemple, le Règlement du Marché des Farines Douze-Marques, art. 76. Il y a pourtant dans la fin de l'article, une phrase que nous ne comprenons pas : « Les entrepositaires ne « peuvent déplacer la marchandise sans autorisation du déten- « teur. » Quel est le détenteur de la marchandise, sinon le magasinier lui-même ?

2. Voyez : Ch. II, § 3, B, I°.

librent les forces et régularisent le développement, et le dock est dans cette tâche leur utile collaborateur.

3° La multiplicité des affaires à terme, leur importance et, quoi qu'on en dise, leur utilité croissante, rendent chaque jour plus nécessaire la garantie de leur loyale exécution. Les magasins généraux concourent encore à l'assurer.

Le marché attire la marchandise. Celle-ci vient se placer dans les docks voisins. Or, d'une part, on en tient compte pour faire confiance au vendeur; d'ailleurs, la presque totalité des transactions passées en bourse s'exécutent par l'endossement de filières, récépissés, ou par transferts sur les registres du magasinier. D'autre part, les règlements des marchés, qui prennent ordinairement des précautions pour assurer l'exécution loyale des transactions ont aussi exploité cette particularité. Sur le marché de Paris, notamment, aucune filière ne peut être mise en circulation sans porter le visa de l'entrepositaire (1). Ce visa donne au titre une valeur incontestable. Par lui, le preneur est averti que la marchandise existe, que sa qualité est suffisante, et qu'à l'arrivée du terme, elle sera délivrée à son ordre, sur simple présentation du titre; le fait qu'il vise la filière engage personnellement le magasinier à cet égard, et le preneur n'a

1. Le marché de Paris, qui s'est accoutumé facilement à l'obligation du visa des filières ne s'est pas encore fait à la consignation des marques. A ce point de vue, beaucoup d'autres places françaises et étrangères l'ont devancé (Roubaix, Anvers, etc.)

Voyez *Claudis Jannet* : *Le Capital, la Spéculation et la Finance au XIX° siècle*, p. 270. Les récépissés et les warrants sont fréquemment déposés en garantie dans les caisses de liquidation.

plus à attacher qu'une importance secondaire à la solvabilité du créateur ou des endosseurs. Les docks rendent
donc dans l'espèce des services analogues à ceux des
caisses de liquidation des marchés à terme.

Si le Magasin général est pour la Bourse, un auxiliaire
indispensable, les avantages que la Bourse procure aux
docks ne sont pas moins grands. Sans aucun doute, ils
profiteront du concours d'affaires qui s'établit auprès
d'eux, et les magasiniers le savent bien ; les bourses ne
manquent jamais de magasins généraux. Au contraire,
elles font entre eux un choix, les tiennent dans une certaine dépendance, réclament des abaissements de tarifs,
exigent des garanties, surveillent la conservation des
stocks, etc., etc. La Bourse et le dock bien que légalement indépendants l'un de l'autre, forment donc deux
membres du même organisme économique. Leurs fonctions sont distinctes, mais elles s'associent, se pénètrent,
et leurs destinées ne sauraient être séparées. Sous l'impulsion de la spéculation, qui prend aujourd'hui pleine
possession d'elle-même et dont les faits prouvent le mérite, les docks poursuivront leur développement ; les services qu'ils rendent au négoce iront chaque jour se multi-
pliant avec la complication d'une vie nouvelle, et le législateur, dont la sagesse est parfois un peu antique, applau-
dira à la création du commerce, bien vivante, toute à lui.

CHAPITRE V

DU CRÉDIT SUR WARRANT
LE MAGASIN GÉNÉRAL ET LA BANQUE

SOMMAIRE

Rien de plus obscur que le mot crédit, rien de plus complexe que la notion de crédit, rien de plus divers que les opérations de crédit. Malgré leur finalité semblable, la qualité des parties, la provenance des capitaux engagés, leur affectation et les garanties destinées à augmenter la confiance du prêteur, la forme, la durée, la sécurité des contrats qu'elles engendrent les classent en groupes dont les caractères sont très spéciaux. Une place à part y doit être réservée au prêt sur marchandises, et principalement au warrantage.

Nos anciens disaient de l'hypothèque, avec une verdeur naïve, qu'elle porte son venin à la queue. Tous les contrats de crédit en sont là, et le warrantage comme les autres. On emprunte à 90 jours sur une marchandise dont la vente est maintenant assez facile ; puis l'avenir qu'on espérait favorable devient un présent fâcheux, le renouvellement du warrant est refusé, la vente de la marchandise est faite inopportunément, c'est un désastre. On comprend donc qu'à une époque où le warrantage pur et simple était la seule raison économique de l'institution, les négociants aient soupçonné d'embarras quiconque y avait recours. Aujourd'hui les services du magasin général se sont multipliés ; le commerce est d'autant moins informé du warrantage des stocks, que ceux-ci peuvent passer par l'entrepôt dans un autre but : soit pour se faire admettre sur le marché voisin, soit pour entrer à la première occasion, dans la salle de ventes publiques. Et, en fait, deux tiers au plus des marchandises déposées dans les Entrepôts et Magasins généraux de Paris sont warrantés. D'autre part, l'aspect du monde commercial s'est beaucoup modifié depuis la création des magasins généraux. Jadis, le producteur attendait les ordres de la

consommation pour mettre son outillage en train, et
chaque entreprise exigeait d'ordinaire assez peu de capitaux pour qu'un seul homme pût en être l'unique propriétaire. De nos jours, la concurrence est énorme ; la fabrication prévient la demande, et le warrantage est peut-
être l'unique moyen offert au manufacturier de se procurer le capital nécessaire à la continuation de ses affaires,
sans abandonner immédiatement ses existences à vil prix.
En outre, on abaisse le prix de revient par une application minutieuse de la division du travail, qui pousse à la
grande industrie ; les découvertes incessantes obligent le
manufacturier à modifier fréquemment son outillage pour
lutter avec succès ; les maisons les plus solides n'ont
donc pas trop de tout leur crédit pour soutenir leurs affaires, si elles faiblissent momentanément, pour les étendre, si elles réussissent ; on a compris enfin que le crédit
a sa valeur, qu'il est une richesse comme une autre, qu'il
ne faut point la dédaigner, et voilà pourquoi les magasins généraux ne sont plus des monts de piété (1).

§ 1. — Nature économique du warrantage.

Isolé de toute combinaison commerciale, étudié à un
point de vue intrinsèque, le warrantage est une variété
du prêt sur gage, et le jurisconsulte le considère ainsi

1. Peut-être le changement des mœurs commerciales tient-il
aussi à la multiplication des sociétés anonymes. Une société commerciale n'est pas toujours guidée par les mêmes considérations
qu'un individu qui fait le commerce et sa situation est en général
mieux connue.

pour régler son fonctionnement, et déterminer les obligations de ceux qui y concourent. Mais, cette interprétation
n'a guère de valeur économique, car elle laisse à l'acte une
allure d'expédient que l'esprit des affaires lui dénie. Dans
le prêt sur gage, l'emprunteur se prive, pour un temps
plus ou moins long, d'un objet qui ne lui est pas actuellement indispensable, afin de se procurer durant ce délai un capital dont il a plus besoin. Mais, qu'il revienne
à meilleure fortune, on verra notre homme, vêtu de neuf,
retirer fièrement du Mont de Piété, la montre et la chaîne
familiales, qu'un jour de gêne il y avait déposées. Faut-il
proclamer que le warrantage est tout autre chose? Un
producteur a des stocks à vendre, les cours sont bas, il
craint d'abandonner dans de mauvaises conditions une
marchandise qui bientôt sera en hausse. Son warrantage
lui procure une *avance sur le prix*. Plus tard, les occa-
sions de vente sont meilleures ; il place définitivement la
marchandise, paye le porteur du warrant sur la somme
versée par l'acheteur et conserve le reste. Economique-
ment, le warrantage ne constitue pas à lui seul un tout.
C'est la première partie d'une opération qui s'appelle
dans son ensemble une vente. La commercialité des faits,
la nature de la chose impignorée, ses conséquences nécessaires, donnent à l'acte un cachet tout particulier, et l'épi-
thète déshonorante de prêt sur gage n'est pas plus méri-
tée par le warrantage que par l'avance du consignataire
à son commettant. « Emprunter sur marchandises, dit
« M. Alix Sauzeau (1), n'est pas une opération commer-

1. Alix Sauzeau : *Manuel des docks*, 1877, Guillaumin, éditeur ;
p. 95 et s.

« ciale ; le prêt sur gage ne doit pas être envisagé dans
« ce sens ; il doit plutôt être ramené aux contrats de nan-
« tissement, qui ne comportent nullement l'idée de vente.
« Il faut désormais n'envisager la marchandise qu'au
« point de vue commercial, et pour cela, il faut se dire
« que toute marchandise sortie des mains des travail-
« leurs, soit pour circuler librement, soit pour entrer
« dans les magasins généraux, est marchandise ou à
« vendre immédiatement, ou déjà vendue. Quand on la
« fait warranter, on opère une vente, vente avec la fa-
« culté de rachat, ou à réméré si l'on veut, mais un véri-
« table acte de vente, c'est-à-dire un commencement
« d'entrée dans la circulation commerciale, pour aboutir
« prochainement, tôt ou tard, à la consommation qui la
« réclame ».

Pour des motifs qui ne sont pas sans analogie, la consignation diffère du warrantage (1). Un consignataire peut
recevoir la marchandise, la manutentionner, délivrer des
bulletins de gage ou de dépôt à ordre et même les escompter, ses services n'équivalent pas à ceux d'un magasin général.

L'un se doit à son immense clientèle, sans préférence

M. *Maurice Block* écrit aussi dans son étude sur les *Magasins généraux considérés comme une des bases du crédit :* « Vente sur
« warrant : car c'est ainsi, et non comme emprunt sur marchandi-
« ses, que nous voudrions désigner l'opération. L'avenir de cette
« institution est tout entier dans l'abandon de l'idée d'emprunt, et
« dans l'adoption de l'usage de vendre sur warrant et sur échan-
« tillons authentiques. »

1. Voir sur cette question : — Thaller : Où en est la question des
magasins généraux (*Annales du Droit commercial*, année 1894,
p. 51 et suiv.)

ni faveur, avec la neutralité d'un tiers. Il concourt, sous la surveillance du syndicat, à l'admission des stocks sur les marchés voisins, à leur échantillonnage, à leur conservation, garantit sur la filière la réalité de la marchandise, et la détient pour le compte des porteurs du récépissé et du warrant. Il facilite d'autre part l'appréciation des existences en communiquant l'état de ses entrées et de ses sorties, et par là, il régularise la spéculation. Pas de bourse importante qui n'ait un magasin général dans son voisinage, pas de magasin général important qui ne détermine un courant d'affaires.

Tout autre est la fonction du consignataire. Un producteur veut placer sa marchandise. Il faut la présenter à un client qu'il ne connait pas, la soigner attentivement, la parer, mélanger des vins de provenance, de bouquet, de forces divers, prévenir l'acheteur qu'on lui offre des blés de sélection, très chers, mais de premier ordre. Il s'adresse à un négociant qui possède sa confiance, lui dit le secret de ses affaires, au besoin se renseigne auprès de lui pour étendre, ralentir ou modifier sa production. Il ne s'agit plus de spéculation ni de jeu, et le consignataire n'a point pour mission d'en fournir le champ clos ; il est presqu'un collaborateur pour son commettant, qu'il aide à vendre les produits de sa fabrication, en y trouvant son bénéfice.

§ 2. — Escompte du warrant.

Toute l'économie du crédit warrantaire se résume en cette formule : *la marchandise se doit à l'argent, l'argent*

se doit à la marchandise (1). L'escompte du warrant constitue donc, avec quelques autres opérations de crédit sur
marchandises (avances sur connaissements et lettres de
voiture, etc.) un genre de placements très sûrs, mais peu
rémunérés, et à la négociation desquels certaines maisons
de banque pourraient exclusivement se consacrer. Par-
tant de cette idée, M. Alix Sauzeau souhaite l'ouverture
d'un vaste établissement, dû au besoin à l'initiative gouvernementale, et, concentrant les capitaux que l'épargne
confiante ne manquerait pas de lui apporter, pour faire
l'escompte des warrants. Aucune confusion ne saurait
exister entre les affaires de cet établissement et celles
d'un magasin général, car autre chose est le magasinage
de la marchandise et la délivrance d'un récépissé-warrant, autre chose l'escompte du warrant. Ce rouage nouveau permettrait d'améliorer le fonctionnement du warrantage. Le prêt sur warrant est ordinairement consenti
à 90 jours ; or, ce délai, très généralement adopté (2), n'est
pas toujours conforme aux besoins des contractants. Avant
l'échéance, le prêteur peut vouloir rentrer dans ses fonds
et doit pour cela supporter des frais de réescompte, l'emprunteur peut trouver une occasion de vente et devoir
consigner le montant du warrantage, intérêts compris,
jusqu'à l'échéance ; comme il se peut aussi qu'à l'é-
chéance il désire un renouvellement.

1. Alix Sauzeau, *op. cit.* La jurisprudence a méconnu cette règle, lorsque, à partir de la consignation, elle ne reconnaît plus au
créancier warrantaire qu'un droit personnel contre le magasin général.

2. Il y a exception, notamment, pour les warrants qu'émettent
les magasins généraux militaires.

L'organisation proposée par M. Sauzeau a l'avantage de supprimer tout délai. L'argent se doit à la marchandise ; tout le temps que le souscripteur du warrant aura besoin de conserver la jouissance de la somme prêtée, et que le gage sera d'une valeur suffisante pour en assurer le remboursement intégral, l'établissement ne réclamera pas ce remboursement. Mais, réciproquement, la marchandise se doit à l'argent ; lorsqu'elle sera sur le point de disparaître ou de se déprécier, le remboursement sera exigé.

On supprime la consignation, dangereuse pour le créancier dont elle change le droit de gage en une créance personnelle contre le magasinier, coûteuse pour le débiteur, qui faute d'entente avec le porteur du titre, ne peut retirer sa marchandise qu'en soldant l'intégralité du warrant, y compris tous les intérêts jusqu'à l'échéance. Comme le prêteur et l'emprunteur s'ignorent et ne connaissent que l'établissement escompteur, l'opération faite par eux n'aura que la durée qu'ils voudront lui assigner.

Le prêteur veut-il récupérer ses fonds, il lui suffira d'en demander le remboursement à vue, à six mois, à un an, ainsi qu'il aura été stipulé. L'emprunteur veut-il rembourser la banque, il lui suffira d'y solder son compte, principal et intérêts. Et si le banquier élève ou baisse habilement le taux des intérêts servis aux prêteurs, et celui de son escompte, l'offre de capitaux balancera toujours la demande de crédit.

M. Sauzeau est-il le père de cette conception ? Nous ne saurions l'affirmer (1). En tout cas, il semble s'être com-

1. Une société anonyme au capital de huit millions de francs a

plu dans son perfectionnement et il en a minutieusement
réglé tous les détails, sans oublier d'une part, que les pré-
sentateurs lui sauront gré d'accélérer les formalités de
la vérification des stocks, et d'autre part, qu'en faisant
la commission et le courtage pour sa clientèle et en

été constituée suivant actes reçus par M⁰ Pérard, notaire à Paris,
les 9 février et 1ᵉʳ mars 1876, 18 mai et 1ᵉʳ juin 1877, 6 et 29 mai
1879, 14 déc. 1883, 4 et 8 avril 1884. Quoiqu'elle soit commercialement dénommée : *Comptoir des Entrepôts et Magasins généraux*
(Escompte de warrants et ventes publiques de marchandises),
elle n'a rien de commun avec la Compagnie des Entrepôts et Magasins généraux de Paris. Cette dernière se borne à faire le magasinage sans user du droit accordé aux magasiniers par la loi du
31 août 1870, art. 3. Au contraire, en vertu de l'art. 2 de ses statuts, le Comptoir des Entrepôts et Magasins généraux a pour objet :

« ...de faire ou de procurer l'escompte des warrants sur mar-
« chandises existant en entrepôt ou déposées dans des magasins
« généraux, comme aussi de faire ou procurer des avances sur
« lettres de voiture, connaissements, nantissements, et tous autres
« moyens légaux d'affectation ;

« de recevoir, transporter, entreposer, assurer, livrer, soit à
« son nom pour le compte de tiers, soit au nom de ses correspon-
« dants, les marchandises qui lui sont confiées ;

« de faire à commission, par le ministère de courtiers asser-
« mentés, des ventes publiques de ses marchandises ;

« d'exécuter des ordres d'achat et de ventes de marchandises,
« aux enchères ou de gré à gré, soit par ministère de courtier, soit
« par toute personne indiquée ou agréée par les correspondants ;

« de faire des expositions de marchandises ou d'échantillons de
« marchandises à vendre, soit dans des salles d'exposition ou de
« ventes publiques, dont elle se procurera la disposition, soit dans
« celles qu'elle jugera convenable d'ouvrir elle-même ;

« d'opérer tous encaissements et recouvrements et tous paie-
« ments et versements pour le compte de ses correspondants.

« La société s'interdit de faire pour son propre compte aucune
« opération d'achat ou de vente de marchandises. »

s'annexant une salle de ventes publiques, l'établissement augmentera le nombre et l'importance de ses affaires.

§ 3. — De la circulabilité du warrant.

La valeur du warrant, instrument de crédit, est en raison directe de sa circulabilité. Le législateur devait l'assurer d'autant plus que l'institution naissait en pleine crise, et qu'une hésitation de l'escompte pouvait la perdre.

I. Il autorisa d'abord les établissements publics de crédit à recevoir les warrants comme effets de commerce, avec dispense d'une des signatures exigées par leurs statuts (1), de telle sorte que la Banque de France admet à son escompte les warrants revêtus de deux signatures, et les sous-comptoirs d'escompte, ceux qui n'en portent qu'une, pourvu qu'elles soient notoirement solvables.

Cette exception n'a point manqué son but, et la Banque de France, qui a pourtant le devoir d'être rigoureuse, aurait mauvaise grâce à discuter les signatures douteuses que renforce un gage aussi sérieux.

On a présenté à son escompte des warrants revêtus d'une seule signature, en effectuant le dépôt de titres

---

1. Loi du 28 mai 1858, art. 11 : « Les établissements publics « de crédit peuvent recevoir les warrants comme effets de com- « merce, avec dispense d'une des signatures exigées par leurs « statuts. »

prévu par l'article 12 de ses statuts (1), et on a soutenu, en s'appuyant sur les deux textes précités (art. 12 des Statuts de la Banque, et loi de 1858, art. 11) que la marchandise warrantée remplaçant une signature, et le dépôt de valeurs tenant lieu de l'autre, la Banque ne pouvait se refuser à les prendre dans ces conditions. Au surplus, ajoutait-on, la Banque aurait tort de refuser d'escompter de pareils effets, car elle n'a rien à perdre à cette substitution de garanties.

Ces prétentions ne sont point inattaquables.

L'article 8 de ses statuts, n'autorise la Banque à faire que les opérations qui lui sont permises expressément par la loi ou par ses statuts (2). Cette disposition est formelle, impérative. En principe, la Banque de France ne peut donc accepter que des effets garantis par trois signatures. L'article 12 de ses statuts formule une première exception ; l'article 11 de la loi du 28 mai 1858 en formule une autre, mais on ne saurait en créer une troisième en combinant ces deux textes. — On objecte que le prêt fait par la Banque de France n'en sera que mieux garanti. Est-ce là une justification suffisante ? La Banque, dans le choix de ses opérations, ne doit point perdre de vue la mission qui lui a été

1. L'art. 12 des statuts de la Banque de France est ainsi conçu : « La Banque de France peut cependant admettre à l'escompte des « effets garantis par deux signatures seulement, mais notoirement « solvables, si on ajoute à la garantie des deux signatures un « transfert d'action de la Banque, ou 5 0/0 consolidés, valeur no- « minale. »

2. Statuts de la Banque de France, art. 8 : « La Banque dans au- « cun cas ni sous aucun prétexte, ne peut faire ou entreprendre « d'autres opérations que celles qui lui sont permises par les lois « et présents statuts. »

confiée : distribuer le crédit ; et cette distribution ne s'opérera jamais d'une façon plus favorable au commerce que par l'escompte du papier à trois signatures. On arriverait, au contraire, en favorisant ceux qui fournissent des sûretés réelles, à priver de crédit ceux qui se présentent dans des conditions ordinaires, et ces derniers souffriraient injustement de l'importance accordée aux autres opérations.

Réduisons d'ailleurs ce débat à sa véritable portée. Pratiquement, elle est très restreinte, étant donné que la Banque de France n'attache qu'une importance secondaire aux deux signatures du warrant; et tel effet qui, ayant été présenté portant une seule signature avec adjonction du dépôt prévu par l'article 12 des statuts, aurait été refusé, pourrait d'aventure être repris, si une seconde signature de valeur quelconque venait s'adjoindre à la première et remplacer le dépôt. On voit à quelles conséquences la Banque pourrait être conduite par une interprétation trop rigoureuse de ses statuts.

Doit-on même redouter qu'en escomptant des warrants à une signature augmentée de la garantie spéciale de l'article 12, la Banque resserre dangereusement le crédit qu'elle doit au papier présenté dans les conditions ordinaires ? Certes, il le faudrait, s'il s'agissait d'opérations aboutissant à des immobilisations ; mais, songeons qu'il ne s'agit ici que d'opérations commerciales et faciles à liquider. Or, le mécanisme de la Banque rend son champ d'action presqu'illimité, pourvu qu'elle se renferme strictement dans son vrai rôle : l'escompte de valeurs à court terme, et, comme contre-partie, l'émission de billets de banque. L'argument perd donc, sinon de sa valeur théorique, du moins de son autorité sur la pratique, et ce serait étaler un purisme dangereux qu'exiger l'application de principes qui ne sont que gênants.

Parmi les établissements publics de crédit qui se livrent à l'escompte du warrant, notre banque nationale occupe une place particulièrement importante, car elle concentre dans son portefeuille la majorité des titres mis en circulation, et l'un de ses services est spécialement chargé de vérifier la présence en magasins des marchandises sur lesquelles elle a consenti des avances (1). Usant de sa situation prépondérante, elle a, pour le plus grand bien du commerce, déterminé certaines habitudes d'ordre et de régularité. C'est elle qui, notamment, a suppléé aux lacunes de la loi, en proposant un modèle de livres à souche d'où sont extraits les récépissés-warrants. C'est elle encore, qui a vulgarisé l'annotation du récépissé (voir *infrà* : Des Titres émis par les Magasins généraux, ch. III. § 2 et 3). Enfin,

1. Un règlement de la Banque énumère les seules marchandises qui peuvent constituer le gage des warrants présentés à son escompte et la quotité pour cent du montant du prêt, par rapport à la valeur de la marchandise. Le même règlement exige qu'un bordereau récapitulatif d'estimation, établi d'après les derniers cours, sur papier timbré, à 0.60 cent., certifié et signé du déposant, accompagne le warrant présenté à l'escompte. A cet égard on lit dans la Banque de France, ses opérations à Paris et dans ses succursales : « La Banque escompte... les warrants, lorsque les marchandises qu'ils représentent, font partie de la catégorie de celles admises par le Conseil général, qui règle le *quantum* du prêt à consentir sur les nantissements.,.. » Nous rappelons que le capitaliste qui prend un warrant en portefeuille, doit toujours s'assurer qu'il réalise toutes les conditions d'admissibilité prescrites par le règlement de la Banque de France, afin d'éviter une immobilisation.

elle s'est préoccupée d'améliorer la situation faite au créancier warrantaire par la loi du 28 mai 1858, art. 6 (consignation), combiné avec le code civil, art. 1257.

Aux garanties résultant du nantissement et aux engagements des différents coobligés, la consignation substitue une obligation unique : celle, pour le magasinier, de restituer la chose consignée, sans qu'il soit reconnu au créancier warrantaire aucun privilège vis-à-vis des autres créanciers du magasinier. (Voir plus haut, ch. III : Des Titres émis par les Magasins généraux : De la Consignation). Pendant tout le temps où la somme consignée reste entre les mains de l'entrepositaire, le créancier warrantaire n'est donc qu'un créancier chirographaire du magasinier, et son remboursement est subordonné à sa solvabilité. La Banque, incapable d'obliger le porteur du récépissé à consigner directement chez elle le montant du warrant dont elle est titulaire, a obtenu des magasiniers qu'ils lui remettent immédiatement les fonds reçus par eux en consignation, et la durée des risques encourus par la Banque se restreint aux deux ou trois jours nécessaires à l'établissement du compte et au transport des espèces. Il n'en est pas moins vrai qu'ici, une réforme s'impose. (Voir ch. VIII, § 2).

II. — La dispense de la loi de 1858, art. 11 n'est pas la seule mesure destinée à faciliter la circulation du warrant. A la veille de la guerre franco-allemande, il paraissait déjà nécessaire de remanier le régime des magasins généraux, et, pour augmenter les bénéfices des exploitants, comme pour assurer le crédit sur marchandises, on autorisa les magasiniers à prêter sur nantissement de celles qui leur sont déposées, et à négocier les warrants qui les représentent (loi du 31 août 1870, art. 3). Trente ans n'ont pas suffi à faire accepter cette innovation, et chaque jour elle subit encore les attaques les plus sérieuses (1). C'est qu'en effet, la circulabilité du warrant dépend avant tout de la confiance inspirée par l'établissement détenteur du gage ; il faut que le porteur du titre ait la certitude que la marchandise ou la consignation sont fidèlement gardées par l'exploitant ; pour cela, il faut que l'exploitant ne puisse réaliser des trafics, dangereux pour lui d'abord, et, le cas échéant, pour ses créanciers ; il faut même que le public ne puisse l'en soupçonner. Dans cet esprit, le législateur de 1858 avait donc interdit aux exploitants de se livrer directement ou indirectement, pour leur propre compte ou pour le compte d'autrui, à aucun commerce ou spéculation ayant pour objet les marchandises. La multiplication des affaires à terme avait rendu cette prohibition plus légitime encore, car par elle était assurée la neutralité d'un service qui se doit à tous dans la même mesure. La loi de 1870 fait bon marché de ces considérations. Sans doute, elle n'autorise point expressément le magasinier à spéculer sur les marchandises, mais elle lui laisse la faculté de s'intéresser aux affaires des déposants, ce qui revient au même. L'exploitant qui

1. En 1800, la Banque de France et les Chambres de commerce ayant été consultées sur la proposition de loi due à M. Em. Ferry (Voy. *infrà*, ch. IX), le maintien du *statu quo*, et mieux encore, le retour à la législation de 1858, fut presque unanimement demandé. La Banque de France et la Chambre de Commerce de Paris, s'étaient notamment prononcées dans ce dernier sens.

on a l'occasion résistera-t-il toujours à la tentation de faire fructifier les sommes consignées que le porteur du warrant ne lui réclame pas immédiatement? Les règles du dépôt le lui ordonnent; ses intérêts paraissent trop souvent lui conseiller le contraire, et pour les avoir trop écoutés, il peut un jour ou l'autre prendre le chemin de la police correctionnelle. En tout cas, le magasin général cesse d'offrir plus de surface qu'une banque. Mais on peut choisir son banquier, on ne peut guère choisir son magasin général, on en est réduit à préférer se priver de ses services : « Du moment où on exposait les exploitants
« à courir les aléas d'affaires, bonnes ou mauvaises, et,
« par conséquent, de risquer la faillite, nous écrit M. Si-
« méon Lisse, régisseur général des entrepôts de la Cham-
« bre de commerce de Bordeaux, le législateur aurait dû
« leur enlever le dépôt des sommes consignées par libé-
« ration anticipée, et prescrire le dépôt à la Caisse des
« dépôts et consignations, des versements de cette natu-
« re. Comme conséquence, on aurait dit que la Caisse des
« dépôts et consignations serait valablement libérée par
« la simple preuve, à faire au besoin par elle, du paie-
« ment des sommes reçues, au porteur du warrant (1)».

1. Nous rappelons qu'une ordonnance du 3 juillet 1816 autorise le tiré, à qui la lettre de change n'a pas été présentée dans les trois jours de l'échéance, à en consigner le montant à la Caisse des dépôts et consignations. Il lui est alors délivré un acte de dépôt qu'il remettra au présentateur, et sur le vu duquel ce dernier touchera la somme sans formalité. Une proposition de loi *ayant pour but la création et la négociation de warrants agricoles*, présentée par M. E. Delaunay et plusieurs de ses collègues, dans la séance du 13 mars 1807, organise, pour une hypothèse spéciale, un genre de consignation nouveau (Voir ch. IV.)

C'est là une manière d'atténuer les graves dangers créés par l'article 3. Ne vaudrait-il pas mieux les supprimer tout à fait, en faisant disparaître l'article 3 lui-même ? La Banque de France et la Chambre de commerce de Paris le réclament, et le crédit commercial n'y perdrait rien, car si la garantie est suffisante, le porteur du warrant n'aura point de peine à trouver de l'argent. Les faits d'ailleurs le confirment. Le magasinage et la délivrance de récépissés-warrants d'une part, la négociation de ces titres d'autre part, sont deux branches commerciales bien distinctes, qui ne gagnent rien à être réunies sous la même direction. Fort peu de magasins font l'escompte des warrants et les grandes maisons principalement semblent l'écarter. Il est à notre connaissance que la Compagnie des Entrepôts et Magasins généraux de Paris, dont les établissements à Paris et en province sont si nombreux et si importants de même que les entrepôts créés à Bordeaux par la Chambre de commerce ne s'y livrent point. Nous croyons qu'il en est également ainsi des docks de Marseille et de beaucoup d'autres (1). Ce sont les petites maisons qui, plutôt, recourront à cette opération, pour augmenter des bénéfices minimes ; or c'est précisément les petites maisons qu'il faut principalement surveiller.

Ce problème économique a pour corollaire un problème juridique.

Le magasinier peut-il escompter tous les warrants qui lui sont présentés, ou doit-il réserver son crédit à ceux

1. En ce sens, voy. Lyon-Caen et Renault : *Traité de droit commercial.* Tome III, p. 288.

émis pour faits de marchandises déposées dans son établissement ?

En principe, il est interdit aux exploitants de se livrer directement ou indirectement, pour leur propre compte ou pour le compte d'autrui, à aucun commerce ou spéculation ayant pour objet les marchandises. A cette règle les textes apportent quelques exceptions. L'article 3 en est une : « Les exploitants des magasins généraux pour- « ront prêter sur nantissement des marchandises *à eux* « *déposées*, ou négocier les warrants qui les représente- « ront. » Ce texte nous semble clair, et refuser au magasinier le droit d'escompter les warrants qu'il n'a pas émis, d'autant plus qu'il formule une exception, et que les exceptions sont de droit étroit. La logique justifie sa solution. L'article 3 a été surtout écrit dans l'intérêt du déposant. Or, on peut croire que celui-ci, en faisant escompter son warrant par l'établissement dépositaire, gagnera au moins du temps, mais s'il en franchit le seuil, pourquoi s'adresserait-il de préférence à un autre magasin général ? On voit le danger, on aperçoit moins l'avantage qu'il y aurait à convertir en véritable banque le bureau de chaque magasinier. En vain objectera-t-on que si le décret de 1859 prohibe toute opération sur marchandises, sans distinguer entre elles suivant leur provenance, cette disposition doit être considérée comme abrogée implicitement par la loi de 1870, art. 1, au moins en ce qui concerne les marchandises déposées dans les magasins généraux autres que ceux de l'exploitant, que, par conséquent, celui-ci peut incontestablement escompter les warrants garantis par ces marchandises ;

la subtilité de cette théorie inspire la méfiance, et finalement nous la repoussons parce qu'elle est en contradiction avec les termes si clairs de l'art. 3 (1).

III. La circulation du warrant bénéficie encore dans une large mesure des restrictions apportées au privilège du fisc, dans l'intérêt du créancier warrantaire (Voy. ch. III, § 5).

IV. Enfin, dans le même but et par exceptionnelle faveur, la loi de 1858 permettait au créancier warrantaire de réaliser son gage sans autorisation de justice, et d'exer-

1. En ce sens, Lyon-Caen et Renault : *Traité de droit commercial.* Tome III; p. 288.

— L'escompte du warrant est la principale, non la seule opération de banque permise aux magasins généraux. La loi de 1870 art. 3, en prévoit d'autres analogues ; certains établissements ouvrent même des comptes-courants à leurs déposants. Ils peuvent en outre être autorisés à se charger de toutes opérations ayant pour objet de faciliter les rapports du commerce et de la navigation avec l'établissement (Déc. 1859, art. 4 *in fine*).

M. Parisse, directeur de la Cie Lyonnaise des magasins généraux (Lyon, Marseille, Avignon) nous écrit : « Notre société « ne reçoit que les matières premières à utiliser dans l'industrie des soieries. Elle fait des avances sur les marchandises « déposées, tantôt par compte-courant, tantôt par acceptation des « traites, tantôt par warrants. Le taux fixe de 5 0/0 comprend « tous les frais quels qu'ils soient. L'emprunteur n'a plus aucune « surprise de dépense inattendue lorsqu'il retire sa marchandise..... »

On lit d'autre part dans le règlement des Entrepôts et Magasins généraux de Paris, n° 19 : « Sur la demande du propriétaire de « la marchandise, la compagnie se charge de l'encaissement de « ses factures, moyennant une perception de.... sur l'intégralité de « chaque facture...... »

cer son privilège sur l'indemnité d'assurance. Ces exceptions sont devenues la règle, et, sans changer de situation, le créancier warrantaire est, sous ce rapport, rentré dans le droit commun (Voy. ch. III, § 5).

En résumé, toutes ces garanties données à la circulation du warrant ne sont point sans valeur; toutefois, n'étant que des procédés légaux, dès lors artificiels, leur puissance est limitée. Il faut se rappeler surtout qu'une marchandise n'est facilement warrantable qu'autant qu'elle est facilement vendable, et que le preneur du warrant ne craint pas de s'enliser dans une immobilisation.

<h2 style="text-align:center">§ 4. — Formes dégénérées du warrantage.</h2>

Le warrantage régulier est la ressource normale et, en fait, le domaine presque exclusif du producteur en avance sur la consommation (1). Le législateur, lorsqu'il organisa le crédit sur marchandises, n'avait guère prévu que cette situation, et ne régla qu'un seul mode de nantissement. Or, la pratique commerciale s'est transformée depuis. A

---

1. On lit dans : *Le Capital, la Spéculation et la Finance au XIXe siècle, par Claudio Jannet*, ch. VII § 4 p. 240 : « C'est surtout pour les « matières ou les objets de grande consommation, blés, sucres, « huiles, filés et peignés, que la pratique des warrants est utile « au commerce. Dans le temps de dépression des prix, le montant « de l'avance est presque égal à la valeur de la marchandise, et « comme le taux de l'intérêt n'est pas élevé, le warrant permet « au négociant de conserver la disponibilité presque complète de « son capital, de prolonger sa position dans l'attente d'une hausse ; « par conséquent, son emploi tend à éviter les dépréciations ex-« trêmes des cours. »

l'exemple du fabricant, le marchand, le commissionnaire, le boursier, utilise, chacun dans sa sphère, le crédit sur marchandises. Leurs besoins diffèrent, il est vrai, leurs procédés diffèrent aussi, mais le magasin général y tient presque toujours une place. L'institution seulement a débordé de son cadre.

Il est d'autant plus difficile de marquer avec précision les rôles du magasin général en tant qu'intermédiaire dans la distribution du crédit, que ceux-ci sont extrêmement variés, parfois même imperceptibles pour le jurisconsulte confiné dans ses textes. Nous rapportons ic deux exemples, avec la conviction que des commerçants rompus au courant des affaires en ajouteraient d'autres sans peine.

A. — *Du report sur marchandises.*

Un spéculateur ne trouve point à revendre sa marchandise avant la livraison. Il arrête la filière et cherche de l'argent afin de solder son marché (1). Aura-t-il recours

1. Sur certaines places, la filière est remplacée par un titre émanant du magasin général, appelé *récépissé de dépôt*, et qui constitue à peu près l'équivalent d'un bulletin de dépôt (Voyez *supra*, ch. III, § 1er.

Le spéculateur sur marchandises, comme le spéculateur sur valeurs mobilières, pour trouver un reporteur, s'adressera aux courtiers.

Sur certains marchés, les filières ne peuvent placer en report que pendant un délai déterminé, passé lequel on considère la marchandise comme dépréciée, et la caisse de liquidation des marchés à terme les refuse (Roubaix-Tourcoing).

au warrantage? Certainement non, et pour plusieurs motifs :

1° En fait, le warrant est toujours émis à 90 jours, et
ce délai ne coïncide pas avec la durée ordinaire des opérations de bourse. Il est probablement trop long : par hasard il pourrait être trop court.

2° Le warrantage fournit au plus 75 à 90 pour cent de
la valeur de la marchandise, c'est-à-dire une somme insuffisante pour remplir intégralement son engagement.

3° Il est probable enfin que, si la marchandise n'est
point revendue, c'est qu'elle avait été payée cher. Le prix
se majorant des intérêts de la somme prêtée sur le warrant et des frais de magasinage, elle deviendrait tout à
fait invendable.

Si la marchandise est en hausse, le spéculateur préfè-
rera donc le report au warrantage. Il vendra à un capitaliste sa marchandise en disponible et la lui rachètera à
terme. Les fonds de la première vente seront versés par
le prêteur au premier vendeur, lequel endossera la filière
au nom du payeur effectif, et à l'arrivée du terme, ce
dernier pourra transférer la marchandise à l'emprunteur
par l'endossement d'une nouvelle filière. L'écart entre le
prix d'achat et le prix de vente constituera le bénéfice du
bailleur de fonds, moins élevé que n'eut été la commission perçue pour l'escompte du warrant. De plus, les
parties auront strictement limité la durée du prêt à
leurs besoins, et l'emprunteur aura trouvé par ce moyen
la somme nécessaire pour faire honneur à sa signature.
Il est vrai qu'il a renoncé à la faculté de récupérer la
marchandise avant le remboursement, mais s'il avait

prévu que son intérêt était de l'avancer, rien ne l'empêchait de modifier les dates de son opération. Quant au reporteur, non seulement celle-ci lui assure une opération solide et ferme, mais à la différence du créancier warrantaire, il devient propriétaire de la marchandise entre l'achat et la revente, et peut en profiter pour spéculer à son tour.

Pour comprendre toute l'importance du magasin général dans cette affaire, il suffit de se rappeler les conditions imposées aux adhérents des syndicats, qui forment dans leur ensemble le marché de Paris. Ne sont régulières que les livraisons portant sur marchandises entreposées dans les magasins généraux qu'ils agréent. Le report exige une double livraison ; la marchandise qui en fait l'objet est donc nécessairement en magasin général. L'établissement la conserve, la présente à l'acceptation, vise les filières qui servent à réaliser ce report, y mentionne parfois la somme pour laquelle la marchandise est warrantée, etc., etc. Il est l'auxiliaire constant de la Bourse, il collabore au report comme il aurait collaboré au warrantage. (1).

1. M. Claudio Jannel, *op. cit.* ch. VII, §5, p. 244, juge ainsi le report sur marchandises : « Cette opération est analogue au warrantage « d'une marchandise déposée dans un magasin général, mais la « forme en est plus souple et elle est moins onéreuse. Le report « sur marchandises est une pratique qui commence à peine à se « produire sur quelques places. On ne saurait trop en louer le « développement. C'est un emploi des capitaux disponibles dont « disposent les banquiers, beaucoup plus utile au point de vue « général, que les reports faits à la Bourse, sur les valeurs de spé- « culation. »
Voy. aussi Thaller : *Annales de Droit commercial*, an. 1804, page 54 et suiv.

B. — *Des effets gagés.*

Il y a de grands et de petits magasins généraux, comme il y a la grande et la petite industrie, les grands magasins et les petits marchands. Le petit magasinage confine à la commission. L'exploitant connaît alors sa clientèle par le menu, fait à ses habitués des rabais sur ses tarifs officiels, se charge volontiers des manutentions délicates, dont le grand établissement n'endosserait pas la responsabilité, abouche le déposant avec des industriels qui s'offrent à les exécuter, etc. Cette similitude explique que les petits magasiniers aient imité les effets de commissionnaire en faisant circuler des « *effets gagés* ».

Dans l'espèce, le déposant ne réclame point de récépissé-warrant. S'il veut emprunter sur sa marchandise, il émet un effet, (billet à ordre, lettre de change, etc.), auquel est épinglé un acte sous seing-privé portant nantissement de la marchandise au profit du bénéficiaire. Comme il n'est présenté à l'escompte que revêtu du nombre de signatures exigé, les établissements publics de crédit ne sauraient arguer de l'irrégularité du warrantage pour le refuser : *quod abundat non vitiat*, mais il est douteux que pour son porteur un effet gagé vaille un warrant, car avec la renonciation au warrantage, le droit commun redevient applicable.

1° Le privilège du créancier gagiste pourra être primé par d'autres que ceux appartenant au fisc ou au magasinier ;

2° Le mode de réalisation spécial aux marchandises

warrantées ne pourra être employé à son profit ; il faudra revenir au droit commun ;

3° Enfin, à l'impignoration si simple résultant de l'endossement du warrant, on substitue un procédé au moins incommode par sa complexité.

La valeur économique de l'effet gagé n'est d'ailleurs pas supérieure à sa valeur juridique. Il y a quelques années, les magasiniers de certaines places en faisaient un usage constant, à tel point qu'il était devenu la règle, et qu'il ne semblait plus y avoir de livre à récépissés-warrants dans leurs établissements. Ces agissements étaient contraires au véritable intérêt du commerce et à la scrupuleuse régularité que doit observer tout exploitant. Plus de livre à récépissés-warrants, plus de contrôle, c'est la porte ouverte à la fraude et à la déconsidération d'un rouage indispensable aux transactions de tout genre.

Pour tous ces motifs le retour au warrantage nous semble désirable.

Est-ce à dire qu'on puisse, en s'appuyant sur les textes, contraindre les magasiniers à s'y renfermer ? On l'a soutenu, mais nous ne partageons point cette conviction. Que des récépissés-warrants puissent être délivrés par tous les magasiniers, que les déposants aient le droit de les exiger, cela est indiscutable, mais la loi ne dit point autre chose, et on ne saurait y ajouter en contraignant les parties à user malgré elles du warrantage, préférablement à tout autre mode de nantissement. Le seul texte qui semble avoir prévu notre espèce, est la loi de 1870, art. 3, non point en la considérant comme illicite ; au contraire pour autoriser formellement les magasiniers à *prêter sur nantissement des marchandises à eux déposées*, ou négocier les warrants qui les représenteront (1).

Il est difficile de conclure en pareille matière. Le crédit sur marchandises n'est qu'au début de son développement économique et sa législation est déjà vieille. En poursuivra-t-on le perfectionnement? Si on a cette hardiesse, il faudra se rappeler toujours que le progrès du commerce impose la liberté des conventions, et que la loi inapte à guider minutieusement le développement de ses institutions doit éviter avant tout de le léser par des restrictions.

Au surplus, dans sa simplicité, le warrantage a déjà rendu d'immenses services et peut encore en rendre beaucoup. On lui reproche de favoriser l'accaparement en donnant un point d'appui à la hausse ; dira-t-on en revanche les secours qu'il a fournis à la production écrasée par la dépression des prix ? En vérité, il n'est pas économiquement une opération mais un procédé, et comme tel, ne saurait être responsable de la maladresse ou de la mauvaise foi de ceux qui l'emploient.

1. Il est à remarquer que, seuls, les petits magasiniers font circuler des effets gagés, et d'autre part, usent de la faculté que l'article 3 confère à leur corporation.

CHAPITRE VI

LES MAGASINS GÉNÉRAUX ET L'AGRICULTURE.
LE WARRANTAGE DES PRODUITS AGRICOLES (1)

SOMMAIRE

Utilité du warrantage des produits agricoles. — Le cultivateur et
la spéculation ; pratiques étrangères ; pourquoi les cultivateurs
français n'ont point recours aux docks. Projet de loi sur les warrants agricoles ; proposition Delaunay.

§ 1er. *Organisation du warrantage agricole.*

    I. Produits susceptibles d'être warrantés. Insuffisance de la
proposition Delaunay. La liste du Conseil supérieur de l'a-
griculture.

    II. Qui pourra warranter les produits agricoles. Insuffisance
de la proposition Delaunay et du projet gouvernemental.

    III. Délivrance du récépissé-warrant. Vices du procédé De-
launay, longueurs inutiles, manque de cohésion, surcharge
de besogne pour les juges de paix.

§ 2 *Du warrant agricole. — Sa circulabilité.*

    A. Des droits du bailbailleur ; comment on les concilie avec
le warrantage agricole.

    B. Impuissance économique du warrant agricole : 1° Il n'est pas
avantageux pour les cultivateurs ; 2° Il est dangereux pour
les banquiers. — Proposition Delaunay.

§ 3. *Du récépissé agricole. — Son inutilité économique.*

Conclusion.

Les magasins généraux pourraient rendre à l'agriculture les plus grands services. Chaque année, le cultiva-

1. On consultera avec intérêt : l'article magistral de *M. D. Zolla* :
Les *Warrants agricoles* (Feuilleton du *Journal des Débats*, 13 juil-

tour emploie avant la récolte tous ses capitaux disponibles en avances à la terre ; puis, à l'heure où les travaux des champs réclament toute son activité, il se voit dans la nécessité de battre hâtivement ses moissons pour en faire de l'argent. Les marchés sont alors écrasés subitement par la production indigène de l'année entière, l'offre, anxieuse, s'efforce d'arriver à une réalisation quelconque ; les intermédiaires et la spéculation réussissent presque toujours à la rendre désastreuse (1).

Les docks sont susceptibles d'améliorer la situation :

lol 1897) ; — l'article de *M. Hardon* : *Les magasins généraux et les warrants agricoles* (*Agriculture moderne*, 27 juin 1897).

Nous publions, *in extenso*, à la fin de ce chapitre, la proposition de loi de M. Ern. Delaunay sur laquelle M. Joseph Brindeau a fait un rapport sommaire annexé au procès-verbal de la séance du 24 juin 1897, et le projet de loi sur les warrants agricoles, élaboré par le Conseil supérieur de l'Agriculture et déposé par M. le Président du Conseil au mois d'octobre dernier.

1. « .....Nous avons voulu chiffrer cette baisse périodique du pro-
« duit le plus courant sur nos marchés : le blé, et en faisant la
« moyenne des cours du blé de commerce de première qualité,
« au marché libre de Paris, pendant ces cinq dernières années,
« de 1801 à 1805, nous avons trouvé **22 fr. 08** par cent. kilos,
comme prix moyen général ; mais les cinq mois de vente de la culture : août, septembre, octobre, novembre, décembre donnent
« comme prix moyen **21 fr. 26** seulement, alors que le cours
« moyen des sept autres mois de janvier, février, mars, avril, mai,
« juin et juillet, période pendant laquelle l'industrie consomme ses
« réserves, s'élève à **22 fr. 53** ; l'écart du prix est de **1 fr. 27** par
« cent kilos, ce qui constitue une différence de **5 fr. 75 0/0** de la
« valeur. — Si le même travail était fait sur les moyennes des
« cours des marchés intérieurs, la différence serait encore plus
« grande ; elle serait aussi beaucoup plus sensible sur les avoines,
« colzas, etc., dont le marché est bien plus étroit que celui des
« blés....... »

Proposition E. Delaunay. — Exposé des motifs.

1° Par le warrantage de ses produits, le cultivateur peut obtenir une avance et retarder leur vente jusqu'à une époque plus favorable ;

2° Le groupement des existences, la détermination de types, l'organisation de l'offre, en un mot, rendrait plus facile la vente directe du producteur au consommateur et supprimerait fréquemment l'intervention des intermé·diaires coûteux.

Dans beaucoup de pays on l'a parfaitement compris.

En Amérique, les *farmers* sont presque toujours des négociants adroits. Une grande partie des existences en céréales, blés, avoines, etc., se concentre à *l'élévator* ; les types sont déterminés par des fonctionnaires de l'Etat, et ainsi, le producteur se trouve en bonne posture pour limiter le champ de la spéculation.

En Italie, en Roumanie, fonctionnent des magasins généraux agricoles.

La France n'a pas suivi cette voie (1). Sans nier les bienfaits des docks, le cultivateur français objecte à ceux qui lui conseillent d'y recourir, que presque tous ces établissements avoisinent les grands centres et que les frais de transport et de magasinage du produit dépasseraient de beaucoup les bénéfices réalisés de ce

---

1. La sous-commission du Conseil supérieur de l'agriculture, nommée pour rédiger un projet de warrantage agricole, a cependant décidé d'examiner le warrantage dans les magasins généraux et les diverses questions qui se rattachent au commerce des blés.

Voy. : *Exposé des motifs du projet de loi sur le warrantage agricole*, l'énumération des divers projets et propositions de loi, ayant pour but de procurer du crédit à l'agriculture par le warrantage (1860-1866-1879, projet de Mahy ; — 1801 proposition Martinon ; — 1897, proposition Delaunay).

chef. Quand bien même on multiplierait les docks, quand bien même on en créerait dans chaque canton, dépense coûteuse, l'agriculture n'y trouverait pas de profit. Il réclame qu'on lui procure toutes les commodités du warrantage en supprimant tous ses inconvénients, et que, par faveur spéciale, il soit autorisé à faire circuler des warrants dont le paiement sera garanti par ses produits, tout en conservant la garde de ceux-ci.

Malgré la surprise qu'inspire de prime abord cette revendication, si contraire aux principes généraux de notre droit, beaucoup d'agronomes et quelques jurisconsultes l'admettent. Pendant qu'un député de la Seine-Inférieure, M. Ern. Delaunay, rédigeait une proposition de loi *ayant pour but la création et la négociation de warrants agricoles* (1), le président du Conseil, ministre de l'Agriculture, nommait dans le sein du Conseil supérieur de l'Agriculture une commission chargée d'examiner les moyens d'établir le warrant agricole pour les céréales, et de ses travaux est sorti un projet de loi qui doit être déposé sous peu (2). Il est difficile d'estimer quel sera le résultat de ces efforts divers, car si le but qui leur est

1. Déposé le 13 mars : — Rapport sommaire sur la proposition par M. J. Brindeau, annexé au procès-verbal de la séance du 24 juin 1897. — Commission parlementaire nommée pour l'examen de la proposition le 21 octobre 1877 (Président M. Viger.) — Discussion prochaine.

2. Président de la commission : M. Méline ; vice-président : M. Viger; membres : MM. Graux, Legludic, Dubar, Vassilière, Hardon, Caze, Sagnier, Jules Besnard.

Le projet a été déposé vers le milieu du mois de novembre 1897. Voir ce projet qui est reproduit in extenso en appendice au présent chapitre.

donné satisfait la majorité des parlementaires, il s'en faut de beaucoup qu'on s'entende sur le détail, et combien de fois, en matière législative, l'accessoire n'a-t-il pas dominé le principal ? Nous nous bornerons donc à formuler sur la question les observations suivantes.

§ 1er. — De l'organisation du warrantage agricole. Produits susceptibles d'être warrantés. Délivrance du récépissé-warrant.

Le premier soin du législateur créant une institution, semble devoir être de limiter son domaine ; dans l'espèce, de fixer quels produits agricoles pourront être warrantés, quelles personnes pourront avoir recours au warrantage agricole.

La proposition Delaunay tranche brièvement ces questions préjudicielles et importantes :

Art. 1er. — « Tout agriculteur peut emprunter sur « tout ou partie des produits récoltés sur ses terres..... »

1° Par inversion, tout produit agricole récolté est de nature à être warranté.

Mais quelle est ici la valeur du mot récolté ? L'alcool, par exemple, est-il un « produit récolté ? » D'autre part, n'existe-t-il pas des produits incontestablement récoltés et dont il faudrait prohiber le warrantage à raison des difficultés de leur conservation ? Betteraves, pommes de terre, légumes, fruits verts, etc.

Plus prévoyante, la commission du Conseil supérieur de l'agriculture a dressé une liste des produits qu'elle reconnaît pour warrantables ; ce sont : les céréales, les légumes secs, les matières textiles, animales ou végétales, les graines oléagineuses, vins, cidres et eaux-de-vie d'origines diverses. Elle se prononce contre l'application du warrantage au bétail, bêtes de somme et récoltes sur pied. Mais que pense-t-elle des raisins, tubercules, pailles, etc., etc.

2° Qui pourra warranter les produits agricoles ? La proposition Delaunay, art. 1er répond : tout agriculteur sur les terres duquel ils auront été récoltés. Le terme est peut-être bien compréhensif. Qu'on autorise le modeste laboureur, habitant un pays perdu, à conserver ses stocks, cela s'explique. Mais s'il plaît à un important fermier de transporter ses blés en ville, de les y déposer dans un magasin qu'il loue à l'année, près du marché, et de les warranter en cet état, alors qu'un dock tout voisin pourrait les recevoir, il serait abusif de le lui permettre ; car, ne l'oublions pas, le warrantage agricole est un expédient fort dangereux, dont l'emploi n'est justifié que par son impérieuse nécessité. Pour ces motifs, la proposition Delaunay nous paraît mériter une retouche. L'examen des articles organisant la délivrance du warrant agricole conduit aux mêmes conclusions.

3° Le warrantage commercial doit son succès à la simplicité, à la souplesse, à la rapidité du procédé par lequel on le réalise. Le warrant agricole ne sera utile qu'à la condition de réunir les mêmes qualités. Or, voyons le procédé qu'adopte M. Delaunay.

« 1° Avant tout emprunt, un expert choisi sur une
« liste dressée annuellement par le juge de paix, exper-
« tise la marchandise et prélève trois échantillons,

« dont l'un est déposé à la justice de paix et les deux
« autres remis au prêteur » (Art. 2 de la proposition de
loi).

« 2° L'emprunteur, s'il tient sa ferme à bail, doit
« aussitôt après l'expertise, aviser le propriétaire du
« fonds loué, par lettre recommandée et mise à la poste
« par le juge de paix, de son intention d'emprunter sur
« les produits agricoles expertisés. Le propriétaire, dans
« le cas où des termes échus lui seraient dus, pourra,
« dans un délai de dix jours francs s'opposer par lettre
« recommandée adressée au juge de paix, au prêt sur
« les dits produits. Après l'expiration du dit délai, le
« juge de paix, s'il n'y a pas eu d'opposition, détachera
« du registre spécial, un bulletin constatant le fait ; le
« cultivateur muni de ce bulletin, pourra alors contrac-
« ter son emprunt » (art. 4).

Ces premières formalités ont pour le moins amené
deux fois, l'emprunteur dans son chef-lieu de canton
qui est peut-être éloigné de son domicile. Afin de retirer
le récépissé-warrant du bureau de l'enregistrement, il y
revient à nouveau :

« Des récépissés timbrés auxquels seront annexés
« leurs warrants agricoles, seront délivrés aux inté-
« ressés par l'administration de l'enregistrement »
(art. 9).

Il y revient encore pour faire timbrer son warrant.

« Toute personne qui voudra escompter un warrant
« agricole devra, au préalable, faire timbrer ce warrant
« au greffe de la justice de paix du canton ; le juge de
« paix inscrira sur le registre spécial à souche, la dé-

« claration du porteur du warrant agricole, auquel il
« délivrera un reçu, détaché de ce livre qui restera au
« greffe » (art. 6).

Toutes ces formalités accomplies, et au surplus, celles
nécessaires pour l'assurance de la marchandise (qui doit
être préalable à tout endossement du warrant séparé), le
cultivateur n'aura plus qu'à retourner au chef-lieu d'arrondissement, pour chercher sur ses vingt hectolitres de
blé, une avance de cent cinquante fr. Le paysan auver-
gnat qui entame un procès, a coutume d'acheter un che-
val et une charrette ; s'il veut warranter sa récolte à la
méthode de M. Delaunay, il fera bien de prendre les
mêmes précautions.

Le procédé a d'autres inconvénients plus graves :

1° Il disperse les différentes parties d'une même opération qui, dans son ensemble, s'appelle le warrantage :
A l'administration de l'Enregistrement, il confie la délivrance du récépissé-warrant ; au juge de paix, la délivrance du bulletin sur la vue duquel le récépissé-warrant
sera octroyé, ainsi que le visa du warrant à endosser ;
à la Banque de France, la garde de la consignation. Cette
dispersion contraste avec la simplicité du warrantage
commercial, elle confine au désordre et facilitera probablement la dissimulation de l'engagement des stocks.

2° N'est-il pas à craindre que dans les pays où la culture des céréales est très importante, les juges de paix
soient incapables de suffire à toute leur besogne durant
les cinq mois qui suivent la moisson ?

M. Delaunay cite, à l'appui de sa proposition, la
pratique russe ; on doit regretter qu'il n'ait pas écarté

toute réglementation copieuse, pour l'imiter davantage (1).

§ 2. — Du warrant-agricole. Sa circulabilité.

A. Au cas où l'emprunteur tiendrait sa ferme à bail
et où des termes *échus* seraient dus au propriétaire, ce
dernier pourra, dans les dix jours qui suivent l'avis, s'opposer au warrantage. Cette condition, qui sauvegarde à très
juste titre les droits du propriétaire, nous parait de nature à restreindre singulièrement l'emploi du warrant
agricole ; car ce sont justement les petits créanciers, ceux
qui n'ont pas d'argent devant eux, ou bien les entrepreneurs de culture, qui louent en bloc un marché de terres.

1. On lit dans l'exposé des motifs de la proposition Delaunay :
«... A la suite des grandes récoltes de 1893 et 1894, une puissance
« amie, la Russie, voyant la situation de la population agricole
« singulièrement aggravée par l'état des marchés européens en-
« combrés de marchandises, s'est appliquée à enrayer le mouve-
« ment de baisse qui menaçait les producteurs et les commerçants
« en céréales, en favorisant, par différentes mesures, les prêts
« sur marchandises agricoles et warrants.
« Les statuts de la *Banque d'État* russe, sanctionnés le 6/18 juin
« 1894 renferment notamment la clause suivante :
« Art. 214. — A l'égard des personnes qui inspirent toute con-
« fiance à la Banque, des prêts sur billets à une signature garantie
« par la constitution d'un gage mobilier, peuvent être consentis
« aux conditions de faveur ci-après : la Banque accepte comme
« gage des machandises non portées sur la liste (art. 109) ; *les mar-
« chandises peuvent être laissées à la garde de l'emprunteur*, et le mon-
« tant du prêt peut être porté à 75 0/0 de l'estimation. »
Nous serions curieux de connaître la statistique des prêts agricoles consentis par la Banque d'État russe ; la proportion et l'importance des avances faites sans déplacement du gage.

sol et bâtiment, qui devront recourir à l'emprunt ; leur bailleur n'aura garde d'être assez indulgent pour abdiquer sans motif le privilège que lui confère le code civil art. 2102, sur les fruits de la récolte de l'année, et surtout sur ce qui garnit la ferme ou sert à son exploitation (1) ; bientôt dans les baux de biens ruraux, la clause s'opposant au warrantage agricole deviendra de style, et, somme toute, il ne faudra point le regretter. « On ne sait « pas dans le public, écrit M. D. Zolla, que le proprié- « taire est le plus utile et le plus important commandi- « taire du cultivateur locataire. Un fermier ordinaire n'ap- « porte pas le quart des capitaux nécessaires pour exer- « cer l'industrie agricole. C'est le propriétaire qui fournit « la plus grosse part, c'est-à-dire les *capitaux fonciers,* « et une partie des *capitaux d'exploitation.* Si le proprié- « taire est le plus utile et le plus intéressant des prêteurs, « pourquoi lui refuser des garanties que l'on s'empresse « de concéder à d'autres ? » (*Journal des Débats,* 13 juillet 1897).

On objectera peut-être que les produits sont généralement vendus avant que le propriétaire en soit informé, que, d'ailleurs, le warrantage ne dépassant point les deux tiers de leur valeur (proposition Delaunay, art. 3), le propriétaire pourra toujours exercer son privilège sur le reliquat. Ces arguments ne touchent pas au fond ; ils sont insuffisants à nous convaincre. Le bailleur a-t-il besoin qu'on l'informe du temps où les blés

---

1. On sait qu'en vertu du Code civil, art. 1767 : « Tout preneur « de bien rural, est tenu d'engranger dans les lieux à ce destinés « d'après le bail. »

sont mûrs ? Si parfois il renonce à l'exercice de son droit privilégié sur le produit récolté, peut-on en conclure que ce privilège même lui est inutile ; et qu'il l'abandonnera toujours ? L'avenir prouvera sans doute le contraire.

B. Un warrant agricole ayant été créé, quelle sera sa puissance économique ? Presque nulle, faute de circulabilité.

1° Baptiste, cultivateur d'un hameau quelconque, vient à la Banque de France pour emprunter sur warrant. Il demande une avance de cinq cent francs et offre en garantie quarante hectolitres de blé. Le warrant étant émis à 90 jours, les intérêts du prêt monteront approximativement à 3 fr. 15 centimes. Théoriquement, c'est parfait. Baptiste ne voudrait pas à 3 fr. 15 centimes près, mal vendre ses quarante hectolitres de blé ; pratiquement, l'affaire sera désastreuse. Car l'intérêt de la somme prêtée est le moindre débours occasionné par le warrantage. Il faudra y ajouter le timbre du récépissé, soit 1 fr. ; le timbre du warrant, soit 0 fr. 25 centimes ; plus les frais de l'expertise, du visa par le juge de paix, de la lettre recommandée adressée au propriétaire, des nombreux déplacements motivés par le warrantage, etc. Bref, Baptiste conviendra qu'il eût beaucoup mieux fait de vendre son blé au cours du jour où il l'a warranté.

2° On objectera : Ce n'est pas le warrantage agricole qui est nécessairement dispendieux, c'est la méthode Delaunay qui est mauvaise. Nous l'admettons ; mais l'accumulation des frais serait le moindre vice du warrantage agricole. Qui prendra un effet garanti par des stocks restés au fond des campagnes entre les mains d'un emprunteur inconnu ? Nonobstant la condition que les stocks consignés ne seront point déplacés, condition qui ne peut être éludée, puisqu'elle constitue la raison d'être du projet, qui peut assurer que le gage sera fidèlement gardé ?

On nous dit : le paysan est honnête. Nous l'avions déjà lu dans les Géorgiques ; beaucoup de capitalistes, qui n'en doutent pas, hésiteront pourtant à en faire l'expérience, et les peines spéciales édictées contre les fraudeurs réussiront médiocrement à réchauffer leur confiance.

Dans tous les cas, comment vérifier l'existence du gage et sa bonne conservation lorsque ce gage sera resté dans un pays perdu ?

En résumé, les banquiers estimeront, non sans raison, que le warrant agricole est un effet d'un commerce trop dangereux et trop peu rémunérateur pour l'accueillir volontiers.

§ 3. — Du récépissé agricole.

Où la proposition de M. Delaunay nous surprend particulièrement, c'est lorsqu'elle décide que l'emprunteur recevra de l'administration de l'Enregistrement, avec le warrant, un récépissé.

Nous avons peine à comprendre l'utilité que pourra tirer de cette pièce un cultivateur ; car si nous admettons à l'extrême rigueur, qu'on tienne pour warrantable le produit agricole resté dans la grange du producteur, en thèse générale, nous considérons qu'il est, dans cet état, invendable. Sans doute, le cultivateur s'arrangera, par hasard, avec un boulanger voisin, qui, s'approvisionnant pour consommer, prendra livraison immédiate ; avec un marchand qui, achetant pour revendre, fera sans délai passer les stocks au magasin général ou dans ses magasins personnels, afin de les manutentionner, de les échantillonner, de les montrer, en un mot, de les transformer en une denrée commerciale ; tout au plus, pour éviter de rapporter ses invendus, l'agriculteur vendra-t-il au marché, sur des échantillons prélevés par lui, pour livrer ultérieurement à son cocontractant. Mais, croire qu'en dehors de ces hypothèses, avant tout déplacement, à l'écart de tout marché, une marchandise sera vendable, que même on arrivera à la mobiliser par la mise en circulation de récépissés, qu'on trouvera facilement preneur d'ordres de livraisons si aléatoires, que le producteur, s'instituant négociant, fera échec à la spéculation, c'est être le jouet d'une illusion. Cela, en outre, trahit l'erreur fondamentale du projet. On a voulu faire grand on a fait trop grand, car l'agriculture est une industrie spéciale qui ne saurait profiter des procédés commerciaux, qu'en faisant de ces procédés un usage modéré (1). Qu'on simplifie les formes de la constitution du gage lorsque

1. C'est pourquoi nous concluerons avec M. Thaller : *An. de Droit commercial, an. 1894 : « Où en est la question des magasins généraux »*, qu'il serait également inutile au développement du crédit agricole de commercialiser et faire ressortir aux tribunaux consulaires toutes les affaires se référant aux magasins généraux et aux négociations des warrants. Nous estimons avec notre maître que les cultivateurs ne pourront augmenter leur crédit que par leur propre effort, et qu'ils doivent s'attacher à acquérir tout ce qui leur manque encore, et notamment des docks agricoles, par la mutualité.

l'emprunteur est un cultivateur et qu'il engage ses produits, qu'on l'autorise à les impignorer sans les mettre en la détention du créancier, on aura fait une œuvre utile et durable; mais, avant tout, proscrivez le *warrantage agricole*.

APPENDICE AU CHAPITRE VI

I

PROPOSITION DE LOI

Ayant pour but la création et la négociation de warrants agricoles (1).

Article premier. — Tout agriculteur peut emprunter sur tout ou partie des produits récoltés sur ses terres, en conservant la garde de ceux-ci dans ses magasins, greniers ou caves.

Le produit agricole warranté reste, jusqu'au remboursement des sommes avancées, le gage du porteur du warrant, et tout agriculteur convaincu d'avoir détourné ou dissipé au préjudice de son créancier le gage de celui-ci, sera poursuivi correctionnellement comme coupable d'abus de confiance, en vertu des art. 406 et 408 du Code pénal.

Le cultivateur est responsable de la conservation de la marchandise qui reste confiée à ses soins, et cela sans indemnité.

Art. 2. — Avant tout emprunt, trois échantillons seront prélevés et cachetés par un des experts dont le juge de paix du canton du domicile de l'emprunteur aura dressé chaque année la liste. Deux des échantillons seront destinés au prêteur; le troisième sera déposé au greffe de la justice de paix sus-indiquée.

La quantité et la valeur de la marchandise, estimée par l'expert sur la base des cours commerciaux du jour, seront indiquées sur un registre à souches déposé à la justice de paix et sur le warrant.

Art. 3. — Il ne peut être avancé sur le produit agricole warranté plus des deux tiers de cette valeur.

Art. 4. — Le cultivateur ayant une ferme à bail devra, aussitôt

1. Présentée par MM. Ernest Delaunay, etc.

après l'expertise indiquée ci-dessus, aviser le propriétaire du fonds loué, par lettre recommandée et mise à la poste par le juge de paix, de son intention d'emprunter sur les produits agricoles expertisés.

Le propriétaire, dans le cas où des termes échus lui seraient dus, pourra, dans un délai de dix jours francs, s'opposer, par lettre recommandée adressée au juge de paix, au prêt sur lesdits produits.

Après l'expiration dudit délai, le juge de paix, s'il n'y a pas eu d'opposition, détachera du registre spécial un bulletin constatant le fait ; le cultivateur, muni de ce bulletin, pourra alors contracter son emprunt.

Art. 5. — L'endossement du warrant, séparé du récépissé, doit énoncer le montant intégral, en capital et intérêts, de la créance garantie, la date de son échéance et les nom, profession et domicile du créancier. Il indique également la compagnie d'assurances qui assure le produit, l'emprunteur étant toujours responsable de la solvabilité de cette compagnie, en cas de sinistre, et de la régularité de l'assurance.

Art. 6. — Toute personne qui voudra escompter un warrant agricole, devra, au préalable, faire timbrer ce warrant au greffe de la justice de paix du canton ; le juge de paix inscrira sur le registre spécial à souches la déclaration du porteur du warrant agricole, auquel il délivrera un reçu détaché de ce livre qui restera au greffe ; les préposés de l'enregistrement auront le droit d'en prendre connaissance.

Art. 7. — L'emprunteur qui aura remboursé son warrant le fera constater au greffe de la justice de paix et inscrire sur le livre spécial.

Art. 8. — Le porteur du récépissé séparé du warrant agricole peut, même avant l'échéance, payer la créance garantie par ce warrant.

En cas de remboursement anticipé d'un warrant agricole, si le porteur du warrant n'est pas connu, ou si, étant connu, il n'est pas d'accord avec le débiteur sur les conditions auxquelles aurait lieu l'anticipation de paiement, la somme due, y compris les intérêts jusqu'à l'échéance, est consignée à la succursale de la Banque de France la plus rapprochée, qui en demeure responsable, et cette consignation libère la marchandise.

Art. 9. — Des récépissés timbrés, auxquels seront annexés leurs warrants agricoles, seront délivrés aux intéressés par l'Administration de l'enregistrement ; ils ne donneront lieu pour l'enregistrement qu'à un droit fixe d'un franc.

Art. 10. — Les dispositions des articles 1, 2, 3, 4, 5, 6, 7, 8, 9, 10, 11, 12 et 13 de la loi du 28 mai 1858, relatives aux warrants commerciaux, en ce qu'elles ne sont pas contraires aux articles ci-dessus, seront applicables aux warrants agricoles.

Art 11. — Un règlement d'administration publique prescrira les mesures qui seraient nécessaires pour l'exécution de la présente loi.

II

PROJET DE LOI

Sur le warrantage agricole. (1)

Le Président de la République française

Décrète :

Le projet de loi, dont la teneur suit, sera présenté à la Chambre des Députés par le Président du Conseil, Ministre de l'Agriculture qui est chargé d'en exposer les motifs et d'en soutenir la discussion.

Article premier. — Tout agriculteur peut emprunter sur les produits provenant de sa récolte et énumérés ci-dessous, en conservant la garde de ceux-ci dans les bâtiments ou sur les terres de son exploitation.

Les produits sur lesquels un warrant peut être créé sont les suivants :

Céréales en gerbes ou battues ;

Légumes secs ;

Matières textiles animales ou végétales ;

Graines oléagineuses ;

Vins, cidres et eaux-de-vie d'origines diverses ;

Cocons secs et cocons ayant servi au grainage ;

Bois exploités.

Le produit agricole warranté reste, jusqu'au remboursement des sommes avancées, le gage du porteur du warrant.

1. Ce projet, déposé sur le bureau de la Chambre le 28 octobre 1897, nous est arrivé au moment où nous livrions notre travail à l'imprimeur. Nous nous bornons donc à le publier sans commentaire ; le lecteur verra sans peine qu'il échappe à plusieurs des nombreuses critiques dirigées contre la proposition Delaunay.

Le cultivateur est responsable de la conservation de la marchandise qui reste confiée à ses soins, et cela sans indemnité.

Art. 2. — Le cultivateur ayant une ferme à bail devra, avant tout emprunt, aviser le propriétaire du fonds loué de la nature, de la valeur et de la quantité des marchandises qui doivent servir de gage pour l'emprunt, ainsi que du montant des sommes à emprunter.

Cet avis devra être donné au propriétaire par l'intermédiaire du juge de paix du canton du domicile de l'emprunteur. La lettre destinée au propriétaire sera remise au juge de paix, qui devra la viser, l'enregistrer gratuitement et l'envoyer au propriétaire sous forme de lettre recommandée; un avis de réception du destinataire devra être réclamé par le juge de paix.

Le propriétaire, dans le cas où des termes échus lui seraient dus, pourra, dans un délai de dix jours francs, s'opposer, par lettre recommandée adressée au juge de paix, au prêt sur lesdits produits.

Art. 3. — Le juge de paix inscrira sur les deux parties d'un registre à souches, établi spécialement à cet effet, la nature, la quantité et la valeur des marchandises déclarées par l'emprunteur pour servir de gage à son emprunt, ainsi que le montant des sommes à emprunter.

Dans le cas où l'emprunteur aura une ferme à bail, le juge de paix devra, en outre des indications ci-dessus, mentionner la date de l'envoi de l'avis au propriétaire, ainsi que la non-opposition du propriétaire après dix jours francs courant de la date d'avis de réception de la poste.

La feuille détachée de ce registre, dûment timbrée et enregistrée par le juge de paix, devient le warrant qui permettra au cultivateur de réaliser son emprunt.

Le warrant ainsi créé donnera lieu exclusivement à un droit fixe de 0 fr. 50.

Art. 4. — L'emprunteur doit faire assurer le produit warranté par une compagnie d'assurances dont il indique le nom à son prêteur, et demeure responsable de la solvabilité de cette compagnie, en cas de sinistre, ainsi que de la régularité de l'assurance.

Les porteurs de warrants ont sur les indemnités d'assurances, dues en cas de sinistres, les mêmes droits et privilèges que sur la marchandise assurée.

Art. 5. — Les juges de paix sont tenus de délivrer à tout prêteur qui le requiert copie des inscriptions d'emprunt faites par l'emprunteur ou certificat établissant qu'il n'en existe aucune.

Art. 6. — L'emprunteur qui aura remboursé son warrant le fera constater au greffe de la justice de paix de son canton ; le remboursement sera inscrit sur le registre à souche prévu à l'article 3 et il lui sera donné un récépissé de la radiation de son inscription.

Art. 7. — L'emprunteur peut, même avant l'échéance, rembourser la créance garantie par le warrant.

En cas de remboursement anticipé d'un warrant agricole, l'emprunteur bénéficie des intérêts qui restaient à courir jusqu'à l'échéance du warrant, moins un délai de dix jours.

Art. 8. — Les établissements publics de crédit peuvent recevoir les warrants comme effets de commerce avec dispense d'une des signatures exigées par leurs statuts.

Art. 9. — L'escompteur ou réescompteur d'un warrant sera tenu d'en donner avis par lettre recommandée au juge de paix qui aura délivré le warrant ; un accusé de réception devra lui être adressé.

Art. 10. — A défaut de payement à l'échéance et après avis préalable transmis par lettre recommandée, pour laquelle un avis de réception doit être demandé, le porteur du warrant peut, huit jours après l'avertissement et sans aucune formalité de justice, faire procéder par un huissier à la vente publique aux enchères de la marchandise engagée.

Art. 11. — Le créancier est payé de sa créance sur le prix directement et sans formalité de justice, par privilège et préférence à tous créanciers sans autre déduction que celle des contributions directes, des taxes d'octroi et des frais de vente.

Art. 12. — Le porteur du warrant n'a de recours contre l'emprunteur et les endosseurs qu'après avoir exercé ses droits sur la marchandise, et en cas d'insuffisance. Les délais fixés par les articles 165 et suivants du Code de commerce pour l'exercice du recours contre les endosseurs ne courent que du jour où la vente de la marchandise est réalisée. Le porteur du warrant perd, en tout cas, son recours contre les endosseurs, s'il n'a pas fait procéder à la vente dans le mois qui suit la date de l'avertissement.

Art. 13. — Tout agriculteur convaincu d'avoir détourné, dissipé ou volontairement détérioré, au préjudice de son créancier, le gage de celui-ci, sera poursuivi correctionnellement comme coupable d'abus de confiance en vertu des articles 406 et 408 du Code pénal.

L'article 463 dudit Code sera applicable au délit prévu au para-graphe précédent.

Art. 14. — Un règlement d'administration publique établira la formule du warrant, il indiquera les règles à suivre pour le prélèvement et le dépôt des échantillons et prescrira toutes les mesures nécessaires pour l'exécution de la présente loi.

Fait à Paris, le 28 octobre 1897,

Le Président de la République française,
Signé : FÉLIX FAURE.

Par le Président de la République :

Le Président du Conseil,
Ministre de l'Agriculture,
Signé : J. MÉLINE.

CHAPITRE VII

MAGASINS GÉNÉRAUX MILITAIRES (1)

SOMMAIRE

Leur contingence aux marchés d'entretien. Conservation des marchandises entretenues. Trois modes. — Marchandises confiées à la garde de l'Etat. — Entrepôts de concentration des marchandises à la disposition de l'autorité militaire.
Importance de la situation des entrepôts de concentration. — Utilité d'assurer le warrantage des marchandises entretenues. — Création des entrepôts de concentration. Bâtiments qui y sont affectés. — De la personne de l'adjudicataire. — De l'objet du service. — Des marchandises entreposées. Leur conservation. Délivrance de récépissés-warrants. Du crédit aux entrepreneurs de l'entretien. — De la surveillance exercée par l'administration de la guerre.

Les magasins généraux militaires sont contingents aux marchés d'entretien.

1. Tout ce qui intéresse la mobilisation est sacré, et l'autorité militaire, avec un soin jaloux, s'efforce d'écarter les curieux dont les investigations menacent, même de très loin et d'une façon bien inoffensive, son prestigieux domaine. Aussi n'obtient-on qu'avec une extrême difficulté un minimum de renseignements sur les adjudications de fournitures pour l'armée, les marchés d'entretien, les entrepôts de concentration pour les approvisionnements à la disposition de l'autorité militaire, et le warrantage des marchandises qui y sont déposées. La réglementation de la matière, exclusivement contenue dans quelques cahiers des charges, augmente

On appelle marché d'entretien un contrat par lequel un négociant s'engage, vis-à-vis de l'administration de la guerre, à entretenir, moyennant indemnité, des marchandises de certaines nature, quantité et qualité, dans un local et pendant un délai déterminés, et à les renouveler à des dates fixées, de telle façon qu'elles soient toujours propres à la consommation.

Exemple : un minotier s'engagera à entretenir dans les magasins de Verdun 100.000 kilogrammes de farine de froment, deuxième qualité, jusqu'au premier janvier 1920, et à renouveler la marchandise assez fréquemment pour qu'elle n'ait jamais plus de deux années de fabrication (1). L'autorité militaire s'engagera, pour sa part, à lui payer une somme annuelle de fr. x, qui le remplira des frais de transport et de manutention, de la dépréciation que l'entrepôt aura causée à la marchandise, et qui, pour le surplus, constituera son bénéfice.

Les marchandises entretenues sont immédiatement à la disposition de l'autorité militaire ; elles constituent une réserve qui lui permet d'envisager toutes les éventualités ; l'administration en a-t-elle besoin, elle se fait livrer les stocks avec la plus grande facilité. N'en veut-elle point, ils sont repris à l'expiration du marché par le déposant.

encore, si c'est possible, l'obscurité résultant des réticences. Nous faisons donc, quant aux éléments de ce chapitre, de prudentes réserves. Notre but, en les publiant, est surtout de montrer qu'il existe une institution presque inconnue, digne d'une étude profonde, et ce faisant, nous avons la ferme confiance que nous n'entravons point la grande œuvre de la défense nationale.

1. Le négociant écoulera les farines retirées du magasin militaire en les mélangeant à d'autres plus fraîches.

Toutes les marchandises qui font l'objet d'un marché d'entretien n'entrent point dans les magasins de concentration. Il y en a qui restent chez l'entrepreneur de l'entretien, qui est responsable de leur existence, de leur conservation et doit les présenter à première réquisition ; il y en a d'autres aussi, qui sont déposées dans des bâtiments militaires et sont soumises à la garde exclusive de l'administration de la guerre.

Lorsque l'entrepreneur de l'entretien se dessaisit de la marchandise, il lui est permis de l'impignorer, sous réserve des droits de l'administration de la guerre ; d'ailleurs, à raison de cette faculté, l'importance de l'indemnité à laquelle il a le droit de prétendre est sensiblement diminuée

Le mode d'impignoration varie, suivant que l'approvisionnement est déposé dans des magasins gérés par l'Etat ou dans un entrepôt de concentration.

I. Si l'Etat reçoit la marchandise dans ses locaux, en assume la garde et la conservation, et si les stocks sont engagés en garantie d'une dette contractée par l'entrepreneur de l'entretien, l'Etat joue le rôle du tiers convenu, dont parle le Code civil art. 2076. Le registre des mouvements de magasin porte alors indication de la somme prêtée, du nom du prêteur, de la date du prêt, ainsi que la signature du prêteur et de l'entrepreneur.

En cas de prise de possession des approvisionnements par l'administration de la guerre (mobilisation, fin de service d'entretien, etc.), l'ordonnateur établit deux mandats de paiement : l'un du montant de l'avance est remis au bailleur de fonds ; l'autre, du solde, est remis à l'entrepreneur (1).

II. Si la marchandise est déposée dans un entrepôt de concentration, le droit commun du warrantage est applicable, sauf les dérogations qui seront indiquées plus bas.

Il ne nous est pas possible de fournir une liste complète des entrepôts de concentration. Leur organisation est intimement liée aux plans de mobilisation, et beaucoup sont ignorés même de la plupart des fonctionnaires de l'administration de la guerre. Aucun texte général ne les réglemente ; leur gestion est mise en adjudication, et les obligations comme les droits de l'adjudicataire sont fixés exclusivement par le cahier des charges. Nous raisonnerons donc sur ceux que nous connaissons, c'est-à-dire sur les entrepôts de concentration de Nevers, Troyes, Neufchâteau, Verdun, Mourmelon et Reims (2), dont l'exploitation est assurée par la compagnie des Entrepôts et Magasins généraux de Paris. Il est probable, s'il en existe d'autres, que leur fonctionnement est analogue.

De la création des magasins généraux militaires. — La

1. Nous ne nous étendons pas plus longuement sur cette espèce pour éviter d'entrer dans des détails insuffisamment vérifiés.

2. Le cahier des charges qui date de 1892 a été rédigé sous le ministère Freycinet. Il est assez difficile de se le procurer. Ce document prescrivait la création d'entrepôts de concentration à Épinal, Neufchâteau, Troyes, Vitry-le-François, Camp de Châlons, Reims, Toul, Verdun, Chaumont, Nevers. Or, six d'entre eux seulement fonctionnent. Nous croyons en trouver la raison dans l'article 5 du cahier : « .... Le marché passé avec le magasin général « deviendra nul et sans effet, en ce qui concerne les magasins pour « lesquels aucun marché d'entretien n'aurait pu être passé. »

gestion des entrepôts de concentration est attribuée par la voie de l'adjudication publique. Les entrepôts sont installés dans des bâtiments appartenant à l'État, et destinés au logement d'approvisionnements de denrées et de matériel du service des subsistances militaires. Ces locaux sont loués à l'exploitant pour une durée égale à celle des marchés d'entretien. Il est stipulé au bail un loyer annuel d'ordre de un franc (art. 5 du cahier des charges).

De la personne de l'adjudicataire. — L'adjudicataire doit réunir les conditions requises pour exercer la profession de magasinier général.

Il doit en outre :

1° Être Français ;

2° Justifier auprès de l'administration de la guerre de conditions de moralité et d'aptitude voulues, ainsi que de ressources financières suffisantes (art. 2. du cahier des charges et Déc. 18 novembre 1882, art. 3).

« 3° Il ne pourra faire de commerce et ne devra avoir « aucun intérêt direct ou indirect avec les entrepre- « neurs » (Cahier des charges, art. 2).

De l'objet du service. — « Le service consiste :

« 1° A constituer en magasins généraux conformes aux « lois en vigueur les magasins dévolus à l'adjudica- « taire (1) ;

« 2° A les gérer ;

« 3° A faire toutes les opérations concernant l'entre- « pôt des approvisionnements ;

1. Le droit commun des magasins généraux est donc applicable aux entrepôts de concentration, lorsque le cahier des charges n'y déroge pas.

« 4° A procurer des avances de fonds sur warrants aux
« entrepreneurs chargés de l'entretien de ces approvi-
« sionnements ;

« 5° A conserver en outre les quantités de denrées
« (biscuits, conserves de viande, potages condensés, ta-
« blettes de légumes, sel, sucre, café et autres conserves
« s'il y a lieu (1), et de matériel, appartenant à l'admi-
« nistration de la guerre, et que celle-ci aurait à remet-
« tre en garde au magasin général... » (Cah. des charges,
« art. 1er).

L'origine des marchandises déposées est donc diverse.

I Les unes sont des marchandises entretenues, sur lesquelles l'Etat a un droit de préemption. L'adjudicataire
est tenu à leur égard de deux obligations principales :

1° *Il doit les recevoir, les garder et les conserver.*

« Les contrats avec les entrepreneurs de l'entretien
« sont obligatoires pour le magasinier général qui rece-
« vra une expédition conforme de chacun des marchés
« passés pour ledit entretien » (Cah. des charges, art.
5, *in principio*). Les manutentions dont ces marchandises peuvent être l'objet ont été, pour la plupart, prévues
et tarifées dans le marché. Le prix des manutentions
non prévues est à débattre entre le magasinier et l'entrepreneur de l'entretien. Au cas où les parties ne pourraient s'accorder, il est toujours loisible au déposant d'y
faire procéder en rétribuant chaque ouvrier à l'heure
(Voy. cah. des charges, art. 10).

1. Le magasin général est autorisé à entreposer les denrées en
franchise d'octroi conformément aux articles 11 et 12 du décret du
12 février 1870.

2° *Il doit délivrer des récépissés-warrants aux entrepreneurs de l'entretien et se mettre à leur service pour leur procurer en banque, des avances de fonds sur warrants, aux conditions suivantes :*

La quotité des avances est celle admise par la Banque de France, c'est-à-dire environ 80 0/0 de la valeur moyenne de la marchandise.

Les intérêts sont cotés au taux de la Banque de France.

Pour ce service spécial, le magasinier a droit à une commission de 1/8 p. 100 par trimestre du montant de l'avance (cah. des charges, art. 8).

Les frais d'escompte des avances sont réglés directement et sans intervention de l'administration de la guerre, entre le souscripteur et le bénéficiaire dans la forme ordinaire.

Le magasinier est autorisé à percevoir 1 fr. 60 par chaque récépissé-warrant timbré qu'il délivre (cah. des charges, art. 10).

Nonobstant le warrantage de la marchandise entreposée, l'administration de la guerre est libre d'en disposer à sa première réquisition. L'endossement du warrant vaut alors, au profit du porteur, délégation des droits de l'emprunteur (devenu, par la réquisition, créancier de l'État), pour une somme égale au montant de l'avance consentie sur la marchandise réquisitionnée.

Si l'emprunteur ne fait pas le nécessaire en vue du renouvellement du warrant, à leur échéance, pour la quotité d'avances admises suivant les cours par la Banque de France, il se rend passible des conséquences prévues par le cahier des charges pour l'entretien (art. 27, cas d'abandon de service).

En cas de réalisation du gage par le porteur du warrant, l'administration de la guerre a la faculté de prendre livraison des denrées saisies, avec le consentement du créancier, auquel elle paye la valeur desdites denrées (cah. des charges, art. 8).

2° Indépendamment des approvisionnements entretenus, le magasinier doit recevoir les denrées et le matériel de l'administration, sans préjudice de tous autres que l'administration se réserve de lui remettre en garde, dans la limite de la place disponible (cah. des charges, art. 5).

Surveillance de l'administration de la guerre. — 1° Le magasin général est placé sous la surveillance immédiate du sous-intendant militaire (Cah. des charges, art. 6).

2° Un registre spécial des mouvements de magasin y est tenu par jour et sans aucune lacune, coté, parafé par le sous-intendant militaire à chacune de ses visites. Lorsqu'il est achevé, ce registre est conservé dans les archives de la sous-intendance.

3° Il est adressé par le magasinier au sous-intendant :

Journellement un bulletin des entrées et sorties ;

Tous les quinze jours, un bulletin, même négatif des entrées et des sorties, portant relevé des entrées et sorties effectuées dans la quinzaine.

4° Enfin, aux époques qui lui sont indiquées, le magasin fournit des états de situation de service conformes au modèle déterminé par l'administration (Cah. des charges, art. 7).

CHAPITRE VIII

RÉFORMES. PROPOSITION EM. FERRY.

EXAMEN RAPIDE DES LÉGISLATIONS ÉTRANGÈRES.

CONCLUSION.

SOMMAIRE

Historique. — La crise des docks. Krach des huiles de St-Ouen.
Projets de réforme. Question Em. Ferry (27 février 1890). Propositions Em. Ferry. Leurs erreurs. Rapport Dupuy-Dutemps.
§ 1er. — *Rapide examen de la législation étrangère.*
    A. Pays de réglementation : Autriche, Hongrie, Italie, Russie,
      Suisse (canton de Berne), Finlande.
    B. Pays de liberté : Amérique, Suisse (canton de Genève),
      Angleterre, Belgique, Allemagne, Villes hanséatiques.
§ 2. — *Réformes.* — Les reproches faits à l'organisation française
ne sont pas absolument fondés. Contr'argumentation. Dangers
du système Ferry.
Améliorations proposées par la Banque de France, les Chambres
du commerce et les autres corps consultés. — Abrogation de
la loi du 31 août 1871, art. 3. — Rétablissement de la surveillance. — Perfectionnement de la comptabilité des docks. — Réglementation de l'entrepôt des marchandises restituables *in
genere*. — Nouvelle réglementation de la consignation.
CONCLUSION.

Toute institution a ses crises. Celle des magasins généraux éclata vers 1886, et, coup sur coup, pendant trois ou
quatre années, les désastres se succédèrent avec une fré-
quence et une périodicité inquiétantes. Tantôt un magasinier trop confiant délivrait des récépissés-warrants sur

des stocks dont le dépôt était promis et restait inexé-
cuté; tantôt il se faisait le complice d'un déposant mal-
honnête, en lui remettant plusieurs récépissés-warrants
pour la même existence; tantôt, spéculant sur les marchandises à lui confiées, il commettait des détournements (1). Un jour même (krach des huiles de St-Ouen,
années 1889-1890), les vérificateurs constatèrent avec
stupéfaction que le fond des cuves à huile ne contenait
que de l'eau, l'exploitant ayant, non sans malice, mis les
lois sur la densité des liquides au service de sa mauvaise
foi. A raison du très grand préjudice qu'elle portait au
marché, l'affaire eut un retentissement considérable.
Nous sommes assez enclins à rendre notre législation responsable des défaillances particulières; dans l'espèce, on
n'y manqua pas. On proclama, qu'en règle générale, le
montant du cautionnement est insuffisant à garantir les
ayants droit contre les fautes et les fraudes des exploitants; que ceux-ci, en se disant sur leurs enseignes :
« agréés par l'Etat », s'attribuent une qualification rigoureusement exacte, et, cependant, commercialement

1. De toutes ces affaires, la première en date que nous con-
naissions est celle des magasins généraux d'Orléans (vers 1886).
Mais nous ne serions point étonné d'apprendre qu'il en a existé
d'autres antérieurement. — En 1888, affaire des docks de la Bal-
tique. — En 1889 (premiers mois), affaire D..., ou des magasins
généraux de Roubaix. — En 1889 (derniers mois) affaire des docks
de St-Ouen, autrement appelée Krach des huiles de St-Ouen. Autant que nos souvenirs sont exacts, une partie des inculpés ont
réussi à se soustraire par la fuite à l'action de la justice pénale.
Ces trois dernières affaires sont citées notamment par M. Georges
Michel. Voy. : *Les magasins généraux et les garanties nécessaires à leur
fonctionnement* (Economiste français, n° du 7 juin 1890).

fallacieuse, car le public ignore combien les droits de l'E-
tat sont restreints en matière d'autorisation, que, bref,
notre réglementation sur les magasins généraux est res-
trictive et embarrassante, sans être protectrice.

Le 27 février 1890, M. Em. Ferry portait la question
à la tribune de la Chambre. Il y parla de notre commerce
français, de son honneur qu'il fallait maintenir, de ses
intérêts, compromis par ces débâcles honteuses, et, avec
l'inexpérience qu'expliquait un premier début, demanda
au ministre quelles mesures il comptait prendre pour éviter le retour de pareils scandales. La réponse du ministre
était facile. Il expliqua qu'il ne pouvait que faire appliquer la loi ; qu'à la vérité celle-ci ne présentait pas de
garanties bien efficaces contre les faits justement incri-
minés, mais que ce n'était point là un motif pour supprimer
mer ces garanties elles-mêmes, en abrogeant toute réglementation, comme M. Em. Ferry le supposait possible.

M. Em. Ferry déposa une proposition de loi. On eût pu
croire, étant données les circonstances, qu'elle visait à
augmenter les garanties du commerce, en ce qui concerne
l'établissement et le fonctionnement des magasins généraux ; au contraire, son texte fort court se bornait à
prononcer l'abrogation complète des lois qui régissent les
dépôts et la négociation des warrants et des récépissés.

On fit comprendre à son auteur que la réforme, ainsi
présentée, était inacceptable ; car :

1° Les magasins généraux ne peuvent exister qu'en
vertu d'une disposition législative, à défaut de laquelle,
d'après la jurisprudence de la Cour de cassation, on lui
appliquerait l'art. 411 du Code pénal ;

2° Sans elle, il faudrait renoncer au warrantage et recourir au nantissement du droit commun, ce qui serait rétrograder de plus d'un siècle.

M. Em. Ferry déposa donc une seconde proposition et, quoique les corps compétents, consultés, fussent tombés d'accord pour demander le maintien du statu quo, M. Dupuy-Dutemps rédigea un rapport favorable (Voy. séance du 29 mars 1890).

Là s'arrête le mouvement de réforme. Depuis, M. Em. Ferry est décédé ; sa proposition est devenue caduque et ne semble pas devoir être reprise ; tous ces événements n'ont donc plus qu'un intérêt historique. Nous nous bornerons à examiner l'idée qui les a provoqués : Faut-il soumettre à l'autorisation et à la surveillance gouvernementale, l'ouverture et le fonctionnement des magasins généraux ?

Voyons d'abord comment nos voisins ont résolu le problème.

§ 1er — **Examen rapides des législations étrangères.**

Les législations sont partagées. Les unes (Autriche, Hongrie, Italie, Russie, Finlande), attribuent aux magasins généraux un caractère public, soumettent leur création à l'autorisation, leur fonctionnement à la surveillance de l'administration. Les autres (Grande-Bretagne, Belgique, Suisse, Allemagne) (1), admettent un régime de

---

1. Les textes que nous avons pu consulter sont les suivants :
Code de commerce Allemand : art. 302 à 305 ; 309 à 316.
Amérique. — Loi défendant l'émission de faux warrants et punis-

liberté et n'imposent à ces établissements de condition spéciale qu'autant qu'ils bénéficient de privilèges fiscaux.

A

PAYS DE RÉGLEMENTATION.

La loi autrichienne entend par magasin général :
« ..... toute entreprise qui, en vertu d'une autorisation
« spéciale, se charge de la garde et de la conservation de
« la marchandise pour le compte d'autrui, et, dans l'in-
« térêt du commerce, est autorisée à émettre des war-
« rants endossables. »
L'autorisation est donnée par le ministre du commerce,

sunt les transports mensongers de propriété de la part des exploitants des magasins généraux, des surveillants des docks et autres
personnes.

Autriche. — Loi sur les magasins généraux du 28 avril 1889.

Belgique. — Loi du 18 novembre 1862.

Espagne. — Loi sur les warrants du 9 juin 1862.

Finlande. — Loi sur les magasins généraux du 30 septembre
1892.

Hongrie. — Code de commerce, art. 434 et suivants.

Italie. — Loi sur les magasins généraux du 17 décembre 1882.
Code de commerce, livre 1, titre XVI.

Russie. — Loi sur les magasins généraux du 30 mars-11 avril
1888.

Suisse. — Code fédéral des obligations. — Canton de Bâle, Loi
du 21 mars 186. — Canton de Genève, Loi du 21 septembre 1892.

La plus grande partie de ces textes est annexée à l'ouvrage de
M. Scansa : *Les magasins généraux et les opérations auxquelles ils donnent lieu*, Paris, 1890. Thèse de Doctorat en droit. Nous n'avons
point l'intention de prolonger dans ce modeste paragraphe l'œuvre
de M. Scansa ; on trouvera dans son travail une étude volumi-
neuse, approfondie et très distinguée des législations étrangères
sur les magasins généraux.

après entente avec le ministre des finances, si l'établissement doit jouir de prérogatives fiscales. Les chambres compétentes du commerce et de l'industrie, les sociétés agronomiques, et *en particulier, les conseils agricoles du lieu,* sont appelés à donner leur avis. Pour accorder l'autorisation, les pouvoirs publics doivent avoir égard aux besoins du commerce. Entre plusieurs demandes d'autorisation, on préférera celles émanant de corporations publiques, provinces, districts, communes, et aussi celles émanant de sociétés corporatives et de caisses d'avances.

La loi autrichienne exige, en principe, de tout exploitant, un cautionnement « proportionné à l'importance du magasin général » ; aucun maximum n'est déterminé par les textes. Ce cautionnement peut être fourni en valeurs autorisées à servir d'emploi aux biens des personnes en tutelle, ou consiste en une hypothèque sur des immeubles. Les corporations peuvent être dispensées du cautionnement.

Le magasin général ne peut entrer en voie de fonctionnement sans que :

1° Le cautionnement ait été préalablement versé ;

2° Que les tarifs et règlement du magasin aient été approuvés par les autorités compétentes, et publiés.

La publication se fait par insertions dans les journaux. Les règlement et tarifs sont aussi affichés à la porte de l'établissement. Les modifications y apportées doivent être publiées de la même manière ; les élévations de tarif ne peuvent entrer en vigueur que quinze jours après leur publication ; les changements au règlement doivent être soumis au ministre du commerce quinze jours avant leur mise en vigueur ; l'autorité compétente peut en interdire l'application.

En vertu de l'art. 1er de la loi, les magasins généraux autrichiens ne peuvent être ouverts près des frontières. M. Scansa rapporte que le législateur autrichien a voulu éviter qu'une telle accumulation de marchandises causât des dangers au commerce de l'état voisin, dont il faut éviter les représailles. Un texte spécial de 1835 règle le magasinage des marchandises sur les frontières. — La loi autrichienne favorise énergiquement la création de magasins généraux sur les terrains dépendant d'un chemin de fer public, à la condition toutefois, que les terrains employés pour l'installation du magasin général ne soient pas utiles au trafic. En cas de doute, il est statué par le ministre du commerce.

Le magasinier autrichien peut, (indépendamment des autres peines qui lui seraient applicables), se voir retirer son autorisation par les pouvoirs qui la lui ont conférée.

D'autres législateurs, ennemis d'une législation aussi tyrannique et qui, finalement, sert mal les intérêts qu'elle veut protéger, ont admis les exploitants à créer des magasins généraux sur une simple déclaration. Ainsi, *le Code de commerce hongrois*, art. 435, décide :

« Les magasins généraux peuvent être établis, tant
« par des particuliers que par des sociétés, mais à charge
« d'en donner avis à l'autorité du lieu, compétente pour
« l'enregistrement de la raison sociale, et de justifier
« d'un capital social d'au moins un demi-million... » On
a fait remarquer que cette dernière disposition paralysait

la création de magasins généraux dans des centres commerciaux d'importance moyenne. Il faut reconnaître d'ailleurs que les dix-huit articles, consacrés par le Code hongrois à l'organisation de ces établissements et à leur fonctionnement, sont absolument insuffisants.

Le Code de commerce italien prescrit pour l'ouverture d'un magasin général la rédaction d'un acte notarié contenant: 1° les nom et domicile du futur exploitant ; 2° l'énonciation du capital engagé, ainsi que des autres garanties offertes aux déposants ; 3° les indications précises et détaillées des emplacements destinés aux magasins, aux opérations d'enregistrement et de vente ; 4° les formes précises des récépissés (*fœdi di deposito*) des warrants (*nota di pegno*), et de leurs endossements ; 5° la mention exacte des obligations que l'administration du magasin assume à raison de l'entrée et de la sortie des marchandises, de leur conservation, des avaries et déchets dont elles sont susceptibles ; 6° copie des tarifs. Expédition authentique de cet acte est déposée au ministère de l'agriculture, de l'industrie et du commerce, au secrétariat du Tribunal de commerce du lieu, ou du tribunal qui en exerce les fonctions ; au secrétariat de la Chambre de commerce et des arts, dont la juridiction s'étend sur le lieu où le magasin général doit être établi : Extrait de l'acte est inséré, dans le mois du dépôt, dans la Gazette officielle du royaume et dans un journal de la province où l'établissement doit être ouvert. L'acte est transcrit sur leurs registres par le Tribunal et la Chambre de commerce ; il est affiché à leur porte pendant trois mois. Le magasin général peut commencer ses opérations deux mois après le dépôt de l'acte constitutif. — Toute modification aux règlement et tarifs doit être publiée dans les mêmes formes que les règlement et tarifs eux-mêmes.

Les Chambres de commerce vérifient si toutes les conditions légales, exigées pour la création d'un magasin général, ont été fidèlement observées. Si l'exploitation est entreprise par une société, il faut en outre, pour qu'elle soit régulière, que l'examen de l'acte constitutif de la société soit fait par le Tribunal de commerce du lieu où elle doit fonctionner, et qu'elle soit enregistrée sur le registre officiel des sociétés par actions (art. 91, Code de co. italien). Dans ce cas, le tribunal vérifie en même temps si les règles prescrites par la loi du 17 décembre 1882 ont reçu leur entière application, et la Chambre de commerce n'a pas à intervenir.

La loi italienne n'exige de l'exploitant aucun cautionnement, mais elle le soumet à une surveillance des plus sévères et des plus actives.

1° L'administration du magasin doit publier et transmettre à la Chambre de commerce du lieu et au ministère de l'agriculture, de l'industrie et du commerce, dans la première décade de chaque mois, sa situation du mois précédent, conformément à un modèle fixé par le ministre (art. 7).

2° Des actionnaires représentant le dixième du capital social peuvent exiger de la Chambre de commerce qu'elle vérifie l'exactitude de ces déclarations;

3° Tout porteur de récépissé ou de warrant peut faire

vérifier par l'intermédiaire de la Chambre de commerce, l'existence de la marchandise en magasin.

4° Les Chambres de commerce peuvent, soit sur la demande des intéressés précédemment désignés, soit *proprio motu*, contrôler l'exploitation des magasiniers, inspecter leurs établissements, vérifier les dépôts, examiner tous les livres, registres, actes et documents en général.

Les sanctions prononcées contre le magasinier en cas de mauvaise gestion sont diverses. Outre les peines prévues par le Code pénal, le délinquant peut être frappé d'une amende de 4 à 5.000 fr., et même voir fermer son établissement.

Ce système a souvent été proposé comme modèle à notre législateur. Il est au moins plus logique que la loi de 1858. En effet : d'une part, la garantie donnée chez nous au public par l'autorisation et le cautionnement est bien mince, en comparaison des inconvénients que présentent ces formalités ; notre cautionnement, trop faible pour assurer l'efficacité du recours éventuel des déposants, est d'ailleurs assez élevé pour écarter le travailleur honnête sans capitaux ; d'autre part, une fois créé, notre magasin général peut régler son fonctionnement selon sa fantaisie, à la seule condition que le récit de ses irrégularités n'arrive point aux oreilles de l'administration ou du Parquet, car le système français est exclusif de toute surveillance régulière et publique. La loi italienne, basée sur la déclaration et sur la surveillance, n'a pas de telles inconséquences. On remarquera aussi qu'en Italie, les formalités d'ouverture durent près de trois mois, tandis qu'en France, huit jours suffisent au futur exploitant pour se mettre en règle. Le législateur de 1870 voulut des procédés expéditifs. Reste à savoir s'il fut prudent.

La loi russe du 30 mars-11 avril 1888 admet la création de magasins généraux, par des corporations rurales, urbaines, de commerçants ou de boursiers, par des sociétés de commerce ou par de simples particuliers.

L'autorisation est délivrée par le ministre des finances : si le concessionnaire est une compagnie de chemins de fer, l'approbation de l'autorité souveraine sera sollicitée par le conseil des ministres. Le règlement et les tarifs doivent être communiqués, avant d'entrer en vigueur, au ministre compétent, affichés au magasin, et publiés dans les journaux de la capitale de la province ou du lieu. Les modifications aux dits tarifs et règlement sont soumises à la même règle. Il n'est pas question de cautionnement ; l'art. 13 reconnaît seulement au ministre des finances le droit d'ordonner en tout temps une enquête sur le magasin général. Cette enquête a lieu avec le concours de deux représentants à choisir, de la corporation des boursiers ou commerçants du lieu. Le résultat de l'enquête doit être rendu public. La loi russe ne formule pas de sanction à appliquer contre le magasinier en défaut ; il semble toutefois résulter de son esprit que l'autorisation peut être retirée par le pouvoir qui l'a confiée, et dans les mêmes formes que celles adoptées pour l'accorder, si le titulaire n'en est pas digne. On a souvent fait remarquer l'analogie existant entre la loi russe et la loi française ; en d'autres termes : les Russes ont accepté le système français, non sans l'améliorer.

Les cantons suisses sont divisés sur la question de la liberté des magasins généraux. La loi du 30 septembre 1872, applicable au canton de Genève, ne parle ni de la création, ni de la surveillance des magasins généraux. Tous les magasins, privés ou publics, et les commissionnaires, jouissent en fait du droit d'émettre des récépissés et des warrants (1).

Au contraire, dans le canton de Bâle, une loi du 27 avril 1864, toujours en vigueur, soumet l'établissement du magasin général à une autorisation qui doit être formulée par le Grand Conseil, dans un arrêté. De plus, le projet de Code de commerce suisse de Münzinger se prononce nettement pour la surveillance.

Le peuple suisse est certainement un des plus sages, un des mieux policés de l'Europe. Il a su profiter sans cesse des améliorations économiques réalisées par ses voisins, et les devancer même sur plus d'un point, sans avoir à déplorer les révolutions violentes qui guident trop souvent les progrès sociaux. Les tendances de sa législation nous intéressent donc vivement, et nous ne saurions nous étonner qu'elle s'efforce d'assurer, par une réglementation pleine de sagesse et de prudence, le fonctionnement d'un service dont l'utilité, qui peut être très grande, restera nécessairement subordonnée à sa régularité.

La loi finlandaise du 30 septembre 1892 sur les magasins

---

1. La plus vaste entreprise de magasins généraux dans le canton de Genève s'est installée sur des terrains contigus à ceux de la ligne du Jura-Simplon, en pleine gare de Genève-Cornavin.

généraux ayant le droit de délivrer des warrants, attire particulièrement notre attention ; elle est, de tous les textes
actuellement applicables en Europe, le plus récent ; ses
auteurs ont profité des expériences faites par leurs devan-
ciers, et leur œuvre constitue, en même temps qu'un acte
créateur, un jugement des réglementations antérieures.
Placée dans l'alternative, ou de soumettre les magasiniers
à une surveillance sérieuse, ou d'adopter un régime de
liberté, plus vanté que mis en pratique, la Finlande s'est
rangée au premier parti, et, par beaucoup de côtés, sa
législation nouvelle ressemble à la nôtre. Elle est même
préférable en ce qu'elle concilie heureusement les néces-
sités de la profession avec la sécurité absolue que le commerce général est en droit d'exiger.

Un magasin général peut être ouvert, en Finlande, par
tout particulier ayant le droit d'y exercer l'industrie,
les villes ou communes rurales, les sociétés nationales
régulièrement constituées. Une autorisation doit être sollicitée du département d'administration au Sénat ; mais
comme toute demande est accueillie, si le projet y annexé est conforme aux lois et ordonnances en vigueur,
l'autorisation revient à l'enregistrement d'une déclaration. Le Sénat prescrit toutes dispositions de détail qui
pourront, le cas échéant, être reconnues nécessaires. Il
n'est pas exigé de cautionnement. Aucune modification
ne peut être apportée au règlement du magasin, que suivant les formes édictées pour son adoption. Le règlement
et ses modifications sont enregistrées auprès de l'autorité
publique et publiées suivant le mode indiqué par le Sénat.

Le fonctionnement du magasin finlandais est soumis à

une surveillance rigoureuse, et ici, nous constatons encore la logique de la loi nouvelle. Qu'importe de soumettre l'exploitant au versement d'un cautionnement, qu'il trouvera peut-être avec difficulté, et qui sera, malgré tout, insuffisant, si, une fois le magasin ouvert, on lui laisse la possibilité de tenter les pires aventures? La surveillance régulièrement exercée protégera mieux les intérêts du déposant, tout en pesant moins sur le négociant honorable. La loi finlandaise l'organise ainsi :

« 1° Le département d'administration du Sénat fait
« choix, pour l'exercer, d'une personne capable, domi-
« ciliée sur les lieux, qui recevra du magasin, pour ses
« vacations, une indemnité dont le montant sera fixé
« par le Sénat.

« 2° Si la gestion du magasin donne lieu à observa-
« tions, le contrôleur ainsi désigné prescrira, après en-
« quête rigoureuse, les mesures qui seront jugées néces-
« saires pour corriger l'abus. Si la réforme n'est pas faite,
« il en sera référé au bureau compétent du Sénat, qui
« pourra, comme en toute autre occasion, prescrire une
« enquête spéciale sur la gestion du magasin.

« 3° S'il est établi que l'établissement a enfreint les
« prescriptions de son règlement ou de la présente loi,
« le département d'administration du Sénat pourra, après
« examen, déclarer le magasin général déchu des droits
« qui lui ont été conférés, et il en sera donné avis dans
« les journaux.

« 4° Les associations commerciales dans les villes, et
« les conseils communaux à la campagne, pourront
« également, s'ils le désirent, prendre part, par des

« délégués, à la surveillance des magasins généraux. »

Suivant leur nature, les marchandises sont conservées à part, et restituées au déposant *in specie*, ou mélangées sans distinction de propriétaire, et restituées *in genere*. Dans ce cas, le déposant aux termes de la loi de 1892, ne peut réclamer que des marchandises égales en quantité et semblables en qualité à celles déposées.

En cas de faillite du magasinier, et si la marchandise était restituable *in specie*, le déposant conserve la jouissance de l'intégralité de ses droits, à la condition qu'il puisse établir l'individualité de la chose. Si, au contraire, la marchandise était restituable *in genere*, tous ceux qui ont déposé des stocks de même nature, ont, sur les existences, un droit proportionnel au montant de leur dépôt.

Dans l'hypothèse d'un dépôt restituable *in genere*, le magasinier est tenu de réparer tous les dommages survenus à la chose, sauf ceux résultant de la force majeure. L'indemnité est calculée sur la valeur de la marchandise en bon état, au cours du lieu et du temps où elle devait être délivrée au déposant. Toutefois, l'action en indemnité doit être intentée par assignation donnée au magasinier dans les trois mois du jour où la marchandise a été ou aurait dû être délivrée.

Telle est, dans son ensemble, la nouvelle législation des magasins généraux finlandais. Elle ne saurait prétendre à l'originalité ; ses principes ont été, pour la plupart, appliqués, combattus et réformés sans cesse depuis cinquante ans ; pourtant, elle sera durable, car elle porte l'empreinte de la prudence.

B

PAYS DE LIBERTÉ.

En *Amérique*, en *Suisse (canton de Genève)*, en *Belgique* et en *Allemagne* les magasins généraux peuvent s'ouvrir, déterminer le mode de leur fonctionnement, et délivrer des récépissés-warrants sans avoir à solliciter la moindre autorisation, ni redouter aucune surveillance spéciale. Les seules lois qui leur soient applicables, sont celles qui régissent toute entreprise commerciale.

Pour déterminer notre législateur à les imiter, on a souvent rappelé que l'industrie des docks a pris naissance dans les *pays britanniques*, qu'elle y a atteint le plus haut degré de son développement, et qu'on y pratique la liberté du magasinage. Cependant, il ne faut point oublier que l'emploi du magasin général est bien plus répandu en Angleterre que chez nous, et que le magasinage anglais présente deux particularités assez notables et inusitées en France.

1° La spécialisation des magasins y est poussée jusqu'aux dernières limites. Certains magasins ne reçoivent dans leurs caves que des alcools, d'autres que des huiles, d'autres n'acceptent que certains produits exotiques, etc. Les *légal quays*, les *sufferances warhwes*, les *bonded vaults* porteraient chez nous le nom d'entrepôts ou de magasins généraux, et pourtant chacun de ces établissements a son rôle particulier. Il est permis de penser que les magasins généraux anglais sont, à raison de leur spécialisation, mieux connus du commerce auquel ils se rattachent, et que la circulation des titres qu'ils émettent en est facilitée.

2° Si la création des magasins généraux anglais est libre, celle des entrepôts gérés par les particuliers est strictement réglementée, et comme le succès de ces établissements importants, est subordonné à cette condition qu'ils jouiront du *privilège des docks*, ils sont généralement obligés de se soumettre aux exigences administratives qui en sont le prix. Le dock privilégié a, non seulement la faculté d'entreposer la marchandise en franchise de droit, mais encore il peut la classer et l'assortir avant qu'elle soit pesée, ce qui accélère notablement la vente. — Le gérant du dock est personnellement responsable des droits dus par la marchandise (*Customs consolidation*, art. 16 and 17. — *Vict. chap.* 107 sect. CIX). A chaque instant les agents du fisc viennent opérer dans ses bureaux des vérifications ; si, par erreur, il laissait sortir une marchandise n'ayant pas acquitté l'impôt, ou si, frauduleusement, la marchandise était soustraite avant le paiement des taxes, leur recouvrement pourrait être poursuivi contre le magasinier. Cette ingénieuse pratique intéresse le dock à s'assurer, avant de procéder à la livraison, que le déposant est en règle avec le fisc ; elle simplifie la surveillance de la douane, diminue les frais qu'elle occasionne ; il semble que notre législateur devrait étudier cette organisation et en faire son profit (1).

1. Tous les traités, brochures, mémoires, manuels, mementos, exposés des motifs, projets et propositions de loi, rapports parlementaires et extraparlementaires, rédigés sur les magasins généraux, depuis qu'ils existent, ont décrit le titre unique délivré par le dock anglais (*warrant*), sa négociation par l'intermédiaire d'un

La législation belge sur les entrepôts est bien compliquée, celle des magasins généraux ne l'est pas moins. En tant qu'ils reçoivent des marchandises libres de droits, les docks ne sont tenus de solliciter aucune autorisation et ne tombent sous le coup d'aucune surveillance administrative spéciale. Il leur est permis, ainsi qu'aux particuliers, d'émettre librement des récépissés (cédules) et des warrants sur les marchandises qu'ils conservent. A l'objection que cette liberté grande pourrait entraîner les pires désastres, le législateur belge répond que les titres précités n'ont qu'un objet d'ordre privé, et qu'il appartient aux particuliers de veiller sur leurs propres intérêts. Il eût difficilement trouvé une formule plus élégante pour décliner sa mission.

En Belgique, ainsi qu'en France, le magasinier n'est, vis à vis de la douane, que le mandataire du déposant ; il n'engage donc pas sa responsabilité propre et ne saurait être personnellement actionné qu'au cas où il aurait été complice de la fraude du déposant.

En Allemagne, malgré les tendances générales de la législation, l'organisation et le fonctionnement des docks ont toujours été libres. Mais on attend une loi sur les

courtier (*broker*) ; et l'usage des *weight notes*. Nous omettons, à dessein d'en rendre compte ici.

La controverse qui s'agite entre les partisans du système français et ceux du système anglais nous paraît complètement usée ; elle prouve une fois de plus que rien n'est parfait.

(Consulter l'alinéa consacré à la question par MM. Lyon-Caen et Renault : *Traité de Droit commercial*, tome III, p. 285). — Consulter aussi : *Annales de droit commercial*, ann. 94, p. 50 et s., Où en est la question des magasins généraux, III, par M. Thaller.

magasins généraux, qui sera très favorablement accueillie par les juristes et les commerçants. Quelques auteurs
ont pourtant défendu la liberté de l'institution (1). On a
rappelé que les irrégularités s'étaient manifestées surtout
dans les pays de réglementation ; on a soutenu que le
dock, réunissant sous les yeux du public toutes les marchandises similaires, provoquerait la baisse. Ce sont là de
vaines raisons, malgré lesquelles il faut souhaiter aux Allemands qu'une loi nouvelle sur la matière vienne com-
pléter utilement leur laconique *Wechsel ordnung*.

Dans les villes hanséatiques, les docks sont l'objet
d'une législation spéciale, et comme ces villes ont un
commerce maritime très développé, l'influence de cette
législation sur tout le commerce allemand est notable et
salutaire.

§ 2. — **Réformes**.

L'examen des législations étrangères sur les magasins
généraux plonge le juriste dans la plus grande perple-
xité. A coup sûr, il y a des pays où l'initiative privée,
abandonnée à elle-même, a pu créer des docks qui fonctionnent très utilement et très régulièrement ; il y en a
d'autres aussi où une réglementation prudente, loin d'em-
barrasser le développement de l'institution, exerce sur
elle une influence bienfaisante et lui sert de tutrice. —
Qu'en conclure ?

1 D'abord, que la question est assez peu importante,
car dans tous les pays où il y a des docks, les besoins

1. Voy. H. Cohn, professeur à Heidelberg, *op. cit.* 1ʳᵉ partie.

économiques sont analogues, et la disparité légale n'est pas la résultante d'une disparité commerciale ;

II En outre, qu'il ne faut point accuser sans mesure l'organisation française, qui en vaut bien d'autres, moins incriminées.

Somme toute, que lui reproche-t-on ?

1° On a exploité contre elle cette idée que : « l'assem-« blée nationale de 1789 avait aboli les anciens privilè-« ges sous l'égide du droit commun », et que la loi de 1858 manque aux principes généraux les plus respecta-bles, en ce qu'elle réserve le *monopole* de l'exploitation des docks aux heureux bénéficiaires de l'autorisation gouvernementale. Quoique M. Em. Ferry ait accueilli ce moyen de défense dans son exposé des motifs, on nous permettra de le négliger.

Un grand établissement de crédit, consulté sur la pro-position Em. Ferry, y avait répondu : « Ce n'est pas « créer un monopole que de subordonner le droit d'ou-« vrir des établissements tels que les magasins généraux « à une autorisation qui est accordée à tous ceux qui « sont dans les conditions voulues pour l'obtenir. — Ce « n'est pas non plus porter atteinte à la liberté d'initia-« tive individuelle, que de demander à celui qui fait « appel, dans une aussi large mesure, à la confiance pu-« blique, de fournir quelques garanties ».

Tout cela n'est-il pas évident ? M. Em. Ferry considé-rait-il comme une dérogation aux grands principes de quatre-vingt-neuf, qu'on fit passer des examens aux phar-maciens, herboristes, etc. ?

2° L'argument sur lequel était fondée la question de

M. Em. Ferry au ministre du commerce n'était guère plus fort. De nos lois présentement applicables, il résulte que les magasins généraux peuvent se dire *agréés par l'Etat*. Le public serait donc exposé à les croire surveillés par l'Etat, à leur accorder une confiance sans limite, que tous ne méritent pas, et à se dispenser de tout contrôle personnel, alors qu'en réalité, il n'y a plus de surveillance gouvernementale depuis 1870.

Il semble difficile d'admettre que le public, ou même une très faible partie du public, se soit ainsi abusé pendant près de vingt ans sur la situation vraie du magasin général ; mais à supposer que cela soit, et que l'erreur indiquée subsiste, il serait bien facile de la dissiper sans toucher à la loi.

3° Le plus grand reproche qu'on puisse faire à notre législation, c'est qu'elle manque d'équilibre. D'une part, elle subordonne la constitution du dock à des formalités diverses :

a. A l'obtention d'une préalable autorisation qui est gênante, parce qu'il faut la solliciter sous une forme compliquée, et inutile parce que les pouvoirs d'appréciation du préfet sont limités à des questions d'aménagement matériel ;

b. Au dépôt d'un cautionnement, assez élevé pour écarter un exploitant honnête et intelligent, sans capitaux, mais trop faible pour suffire à indemniser les victimes d'une mauvaise gestion.

D'autre part, une fois le magasin général constitué et abandonné à lui-même, ses affaires ne sont l'objet d'aucune surveillance publique régulière ; l'autorité intervient toujours après le désastre, pour le déplorer, au plus pour sévir.

Nous reconnaîtrons volontiers que cette situation est regrettable ; mais comment expliquer que les promoteurs de l'affranchissement des docks l'invoquent pour demander la suppression de toute autorisation et de tout cautionnement ? Si les garanties sont insuffisantes, il faut les augmenter, ou, faute de mieux, les respecter.

C'est bien ce que comprirent en 1890 les corps consultés sur la proposition Em. Ferry. Avec une unanimité frappante, ils se prononcèrent en principe pour le maintien du *statu quo,* tout en reconnaissant, d'ailleurs, que certaines réformes de détail, complètement étrangères par leur nature à celle qu'on discutait, pouvaient être utiles.

La Banque de France conseillait notamment :

1° *L'élévation du maximum du cautionnement ;*

2° *La suppression de l'innovation contenu dans la loi du 31 août 1870, art. 3.* (prêts sur marchandises). A juste titre, la Banque faisait valoir dans son rapport que le magasinier, en se livrant à l'escompte du warrant, assume un rôle nouveau, en opposition avec celui que la loi ancienne avait voulu lui attribuer ; il se met dans l'obligation de se tenir au fait des fluctuations de la Bourse de commerce, de suivre les mouvements qui se produisent sur les différents marchés ; il se trouve presque fatalement entraîné dans le courant de la spéculation, et peut être tenté d'y prendre part. On sait que des exemples récents corroboraient puissamment ces appréciations de la Banque, et montraient toute l'utilité qu'il y avait à retenir l'exploitant dans son rôle de magasinier. (Voy. ch. V, § 3 *in fine*).

3° *Le rétablissement d'un système de surveillance.* — La surveillance pourrait être assurée, sinon par l'Etat, qui ne semble pas très disposé à en reprendre la charge, du moins par un corps constitué : chambre de commerce, tribunal de commerce, ou même par une délégation nommée *ad hoc* ;

4° *Perfectionnement de la comptabilité obligatoire pour les docks.* Afin de rendre la surveillance plus facile, aux livres actuellement imposés seraient adjoints les livres suivants :

a. Entrée des marchandises ;

b. Sortie des marchandises ;

c. Comptabilité des warrants ;

d. Situation des assurances en cours, comparées avec les existences en magasin ;

e. Consignation des dépôts d'argent faits aux magasins généraux contre retrait des marchandises.

Des peines spéciales et sévères seraient édictées contre le magasinier qui n'aurait point tenu ces livres jour à jour et rigoureusement.

6° *Pour faciliter la constatation de l'établissement régulier des magasins généraux et de leurs annexes,* on prescrirait le dépôt au greffe du Tribunal de commerce ou de la justice de paix, des pièces justificatives qui seraient tenues à la disposition du public.

6° Enfin, il serait utile que le législateur statuât sur deux points spéciaux et jusqu'à présent négligés par lui.

A. — *Magasinage des marchandises restituables in genere.*

Cette pratique n'a été introduite en France que postérieurement à la réglementation de nos docks. Son utilité est indiscutable, mais dans l'état actuel des textes, son usage nous paraît abusif ; (Voy.ch. II, § I), elle a, d'ailleurs, provoqué à plusieurs reprises des conflits que la jurisprudence, à défaut de dispositions précises, n'a tranché qu'avec hésitation. Elle attend que la voie lui soit clairement indiquée.

Pour la Finlande, il y a été pourvu par la loi nouvelle. (Voir cod. cap. § 1er A *in fine*).

B. — *Consignation*.

La loi ne désigne point expressément qui du porteur du warrant ou du porteur du récépissé doit supporter la perte de la somme consignée (en cas de faillite du magasinier, de détournement, etc.) Considérant que la consignation régulièrement effectuée libère du récépissé à l'égal d'un paiement régulier, la cour de Paris a décidé, dans un arrêt du 5 avril 1877, que la perte de la somme consignée doit être supportée par le porteur du warrant.

Nous avons déjà montré (voy. ch. III, § 4. De la Consignation) que cette règle met le porteur du warrant dans un évident péril, qu'elle lui retire les avantages résultant du nantissement, pour en faire un simple créancier chirographaire du magasinier, et que cette particularité serait de nature à compromettre gravement la circulabilité du warrant, le jour où la confiance que nos magasiniers méritent généralement viendrait à n'être plus justifiée.

La Banque de France expose, en outre, dans son rapport, quelle situation étrange lui est faite, à elle personnellement, par la consignation, et combien elle est contraire aux principes de ses statuts ; car, somme toute, elle n'a plus alors en portefeuille qu'un effet garanti par une seule signature, qui peut même être celle d'une personne étrangère au warrant en tant que coobligé. Toutefois, nous pensons qu'à ce dernier point de vue, la Banque ne saurait arguer de préoccupations légales. Quand le législateur l'a autorisée à prendre des warrants à deux signatures, il faut admettre qu'il prévoyait le cas où il y aurait consignation, et que cette considération ne l'a point empêché d'autoriser la Banque à faire l'escompte du warrant.

Nous avons d'ailleurs expliqué (Voy. ch. V, § 3). comment la Banque avait éliminé, par conventions passées avec certains magasiniers (Entrepôts et Magasins généraux de Paris) une partie des risques résultant de la consignation du montant du warrant dont elle est porteur. Nous avons indiqué aussi quel remède la Chambre de commerce de Paris avait conseillé dans son rapport sur la proposition Em. Ferry, et les objections qu'y avait faites la Banque de France (eod. loc. en note). Nous rappelons également que nous nous sommes prononcé pour le retour à la législation de 1848, c'est-à-dire, que le porteur du récépissé, opérant la consignation, aurait le droit de faire défalquer du montant du warrant la somme stipulée pour intérêts à courir de la consignation à l'échéance mentionnée sur le titre, moins dix jours. Par ce moyen, pensons-nous, le créancier warrantaire serait invité à prendre le soin de se faire connaître par la transcription de l'endos, et le délai de dix jours qu'on lui laisserait, lui suffirait pleinement à retrouver un placement aussi avantageux que celui dont il est prématurément privé.

On a proposé aussi de privilégier sur le cautionnement les ayants droit aux sommes consignées. Or, la presque totalité des créanciers d'un magasinier failli sont le plus souvent les ayants droit aux dites sommes et les déposants, victimes de détournements de marchandises, qui, raisonnablement, ne sauraient être plus mal traités que les ayants droit aux sommes consignées. Autant ne privilégier aucun créancier que les privilégier tous. Nous nous prononçons donc contre cette mesure.

Nous pourrions sans doute augmenter la liste de ces réformes approuvées par les corps compétents. La logique imperturbable du système sur lequel elles se fondent, la haute autorité de ceux qui les ont proposées, plaident assez en leur faveur pour que le législateur n'hésite point à les sanctionner. Les économistes aventureux lui reprocheront sa timidité, mais les juristes prudents le féliciteront d'avoir fait respecter l'équité et protégé des tiers.

Sans doute on attend de nous une conclusion plus générale.

Rappelons d'abord la structure de notre travail. Après avoir défini l'institution, nous en avons détaché sous les yeux du lecteur, les rouages divers afin de les lui présenter séparément, et, tâche intéressante mais ardue, de montrer la place qu'ils occupent dans la machine, leur utilité dans son agencement. Ainsi avons-nous exposé la législation un peu aride des entrepôts. Puis on a vu jeter les fondations du magasin général, équilibrer l'entreprise, régler ses services, et si cette partie de notre œuvre nous laisse plus particulièrement un regret, c'est de n'avoir pas su mettre en ces quelques pages le vif intérêt que nous avons pris à examiner les choses sur place. Enfin, nous avons décrit les titres émis par les magasins généraux, spécialement le récépissé et le warrant, leur jeu simple et ingénieux, sa combinaison avec celui des filières.

Les trois premiers chapitres comportaient donc l'analyse de l'institution ; les deux suivants sont une synthèse, autant que nous n'avons point manqué notre but. On y voit le magasin général, déjà connu dans ses caractères intrinsèques, s'adapter aux besoins et aux habitudes du négoce, se classer parmi ses instruments, s'unir, par des liens que la vie pratique fait chaque jour plus nombreux et plus étroits, aux autres organes commerciaux, aux bourses et aux banques.

Deux autres chapitres traitent de cas particuliers.

Le dernier résume les réformes qu'on propose et vérifie leur efficacité par un aperçu des législations étrangères.

Quelle que soit la diversité des décisions sur les controverses de détail, on acceptera au moins cette constatation. Des faits et des idées sur lesquels notre institution se fonde, ou autour desquels elle gravite, se dégage comme un bouillonnement de force et de vie, une fermentation qui accuse tout à la fois sa jeunesse et sa puissance. C'est précisément par là quelle nous a séduit. Il nous a plu, à l'heure où l'évolution universelle égale en rapidité une révolution, de choisir une création récente qui ne doive rien au passé, qui ne soit point réductible à un malicieux artifice de jurisconsulte, que le négoce, dont la pénétration et le perfectionnement augmentent sans cesse, ait faite de toute pièce, selon ses besoins et selon ses goûts, en se proposant l'utilité pour but, et la simplicité pour moyen. Sans doute, parmi toutes les entreprises qui courent le monde, la place de notre institution apparaît d'abord bien minime ; mais, qu'on y regarde de plus près, qu'on s'élève du dock à l'immense usine, dont il décuple l'énergie productive, au marché, dont il régularise et facilite la fonction, qu'on pénètre l'action combinée de ces organes divers, on sera convaincu qu'il n'a point été complétement étranger à la transformation économique et sociale dont notre siècle mourant fut le témoin. Veuille Dieu, souverain maître de toutes choses, l'appliquer au progrès social, à l'avènement de la justice et au bonheur de l'humanité.

BIBLIOGRAPHIE

On consultera avec intérêt :

ALFANASSIEW, professeur à l'Université d'Odessa : Les artels russes, Réf. Soc. année 1890.

ANNALES DE DROIT COMMERCIAL. — Avril 1896, Bulletin judiciaire. — Année 1894 : Thaller. — Où en est la question des maga sins généraux. — Année 1890 : Arnoul. De la liberté possible des magasins généraux.

AUBRY et RAU. — Cours de Droit civil français.

ANNUAIRE DE LÉGISLATION ÉTRANGÈRE. — Année 1894 : Loi finlandaise de 1892 sur les magasins généraux.

MAURICE BLOCK. — Des magasins Généraux considérés comme une des bases du crédit. — (*1860*). Académie des Sciences morales et politiques.

BOISTEL. — Précis de Droit Commercial,

JOAQUIN CASASUS. — Las Instituciones de Credito. — Ch. VIII. Los almacenes generales de deposito. — Mexico, (1890).

ALRICK CAUMONT. — Du crédit sur marchandises. — Nantissement et vente des navires,

CAUVÈS. — Cours d'Économie politique. — Passim.

CLUNET. — Journal du Droit international privé.

H. COHN, professeur à l'Université de Zurich : Welche Rechtswir Kungen sind an die Indossirung son Lagerscheinen zu Knüpsen.
Berlin. Simion (1891). (Epuisé).

DALLOZ. — Recueil périodique. — Répertoire de législation. — Code de Commerce annoté. — Supplément au Code de Commerce annoté (1896).

DAMASCHINO. — Traité des Magasins Généraux (*1860*).

ÉCONOMISTE FRANÇAIS. — Année 1876, 1er semestre. Le futur entrepôt de Bercy.

Economiste Français. — Année 1870, 1er semestre. Les magasins
généraux et les garanties nécessaires (Georges Michel).

Endemann. — Deutsches Handels Recht. T. III, am w. Lagerhaus.

Garnier. — Répertoire de l'Enregistrement au mot *Magasins Généraux*.

Gazette du Palais.

Gazette des Tribunaux.

Hecht. F. — Die Warrants.

Journal des Tribunaux de commerce.

Claudio-Jannet. — Le Capital, la Spéculation, la Finance au xixe
siècle.

Lejeune (Alp.). — Traité pratique des transports par chemins de
fer, des opérations de douanes et des docks, à l'usage des
négociants (Marseille 1876).

Léon Laugier. — La vérité sur la question des Docks. Marseille
1891.

Livre des Docks et Bassins. — Publié par le ministère de la Marine.

Lyon-Caen et Renault. — Traité de Droit Commercial.

Moniteur Officiel du Commerce.

Pothier. — Traité du Nantissement.

Alix Sauzeau. — Manuel des Docks (1877).

Léon Say. — Dictionnaire des Finances. Entrepôt.
    — Dictionnaire d'Economie politique. — Magasins Généraux.
        — Warrants.

Olivier Senn. — Liquidation des marchés à terme (1888).

Sirey. — Lois annotées.

Thèses de doctorat de MM.
    — Scansa, 1890. Des Magasins Généraux et des opérations
        auxquelles ils donnent lieu.
    — Ornstein 1890, etc...

Thur. — Das rüssiche Lagerhaus Gesetz.

Toubeau. — Traité de Droit consulaire (xviie siècle).

Les réglements des marchés de Paris, l'Annuaire de la Bourse
    du Commerce.

Etc., etc., etc.

TABLE DES MATIÈRES

(En tête de chaque chapitre, un sommaire guide le lecteur et facilite les recherches).

Laval. — Imprimerie Parisienne L. BARNÉOUD et Cⁱᵉ.